改革开放进程中的经济学家学术自传

张卓元　高培勇　主编

樊纲学术自传

樊　纲◎著

ACADEMIC AUTOBIOGRAPHY OF FAN GANG

SPM
南方出版传媒
广东经济出版社
·广州·

图书在版编目（CIP）数据

樊纲学术自传／樊纲著．—广州：广东经济出版社，2020.8
（改革开放进程中的经济学家学术自传）
ISBN 978-7-5454-7291-2

Ⅰ．①樊… Ⅱ．①樊… Ⅲ．①樊纲—自传 ②经济学—文集 Ⅳ．①K825.31 ②F0-53

中国版本图书馆CIP数据核字（2020）第127837号

出 版 人：李　鹏
策划编辑：周　晶
责任编辑：刘亚平
责任技编：陆俊帆

樊纲学术自传
FAN GANG XUESHU ZIZHUAN
樊纲　著

出版发行	广东经济出版社（广州市环市东路水荫路11号11～12楼）
经　销	全国新华书店
印　刷	恒美印务（广州）有限公司（广州市南沙经济技术开发区环市大道南路334号）
开　本	787毫米×1092毫米　1/16
印　张	14
字　数	148千字
版　次	2020年8月第1版
印　次	2020年8月第1次
书　号	ISBN 978-7-5454-7291-2
定　价	106.00元

图书营销中心地址：广州市环市东路水荫路11号11楼
电话：（020）87393830　邮政编码：510075
如发现印装质量问题，影响阅读，请与本社联系
广东经济出版社常年法律顾问：胡志海律师

《改革开放进程中的经济学家学术自传》丛书分册名录

（按姓氏音序排列）

1.《白重恩学术自传》
2.《蔡昉学术自传》
3.《常修泽学术自传》
4.《陈东琪学术自传》
5.《陈锡文学术自传》
6.《迟福林学术自传》
7.《樊纲学术自传》
8.《范恒山学术自传》
9.《房维中学术自传》
10.《高培勇学术自传》
11.《高尚全学术自传》
12.《郭克莎学术自传》
13.《洪银兴学术自传》
14.《黄达学术自传》
15.《黄群慧学术自传》
16.《贾康学术自传》
17.《江小涓学术自传》
18.《金碚学术自传》
19.《李实学术自传》
20.《李晓西学术自传》
21.《厉以宁学术自传》
22.《林兆木学术自传》
23.《刘诗白学术自传》
24.《刘世锦学术自传》
25.《刘树成学术自传》
26.《刘伟学术自传》
27.《马建堂学术自传》
28.《彭森学术自传》
29.《宋晓梧学术自传》
30.《田国强学术自传》
31.《王梦奎学术自传》
32.《王一鸣学术自传》
33.《魏杰学术自传》
34.《魏礼群学术自传》
35.《乌家培学术自传》
36.《吴敬琏学术自传》
37.《杨瑞龙学术自传》
38.《张军学术自传》
39.《张军扩学术自传》
40.《张晓山学术自传》
41.《张燕生学术自传》
42.《张宇燕学术自传》
43.《张卓元学术自传》
44.《赵人伟学术自传》
45.《郑新立学术自传》
46.《周叔莲学术自传》

总　　序

Preface

盛世出华章。中国的改革开放是一场波澜壮阔、前无古人的伟大社会变革，也将是世界经济发展史上的瑰丽篇章。中国经济学家在这场伟大变革中，或贡献了智力，或参与了实践，无论是参政建言还是学术构建，均厥功甚伟。

在我们先后迎来改革开放40周年和中华人民共和国成立70周年之际，为了记录并彰显中国经济学家的历史贡献，为中国特色社会主义事业进一步发挥智慧的力量和作用，同时借以勉励后学筑梦前行，我们组织并编辑了这套《改革开放进程中的经济学家学术自传》丛书。

这套丛书的出版设想，最初由广东经济出版社提出。在此之前，得力于中国社会科学院经济研究所张卓元教授等的大力支持，该社曾于2009年编辑出版《影响新中国60年经济建设的100位经济学家》丛书。那套丛书产生了良好的社会反响，也获得了较高的学术评价。弹指一挥间，又是一个十年，共和国迎来了70华诞，改革开放也逾40周年。在这样一个特殊的背景下，广东经济出版社邀请张卓元教授和高培勇教授牵头，由《经济研究》编辑部具体负责，组织、编辑一套集中反映改革开放进程中的经济学家学术探索和心路历程的丛书。

认识到这是一件颇具眼光、很有意义的事情，于是，便有了读者眼前这套《改革开放进程中的经济学家学术自传》丛书编辑出版工作的启动。

中国经济改革与发展的伟大实践，为中国经济学家的成长提供了肥沃的土壤。要从这些灿若繁星的经济学家中推选出大家公认的富有影响力的经济学家，并不容易。怎样推选？推选多少？具体标准是什么？如何约稿？丛书的体例又该如何把握？这一系列相关问题接二连三地提至我们面前。

为此，在初步拟订编辑出版方案的基础上，由张卓元教授和高培勇教授主持，邀请部分专家召开了小范围的论证会议，就组建丛书编辑委员会以及丛书编辑出版的一系列相关问题听取意见，进一步完善方案。

紧跟着，2017年6月25日，丛书编辑委员会会议在北京举行。出席会议的委员共有19位（按姓氏音序排列）：白重恩、常修泽、陈东琪、陈锡文、迟福林、高培勇、郭克莎、黄群慧、金碚、李晓西、刘伟、彭森、宋晓梧、田国强、魏礼群、吴敬琏、张军扩、张燕生、张卓元。因故请假、提供书面意见的委员有10位（按姓氏音序排列）：蔡昉、曹远征、贾康、李实、李扬、厉以宁、林毅夫、刘世锦、钱颖一、张军。

这次编辑委员会会议就如下一些重要问题形成了高度共识：

第一，关于丛书的意义。委员们高度认可丛书的编辑出版工作，认为这是一项富有重要历史和现实意义的出版工程。

第二，关于丛书入选者的标准和数量。委员们认为应本着宁缺毋滥、质量为先原则，以对改革开放事业的某个特定领域做出实质性贡献或产生实质性影响的经济学家为重点，入选者宜掌握在60位左右。

第三，关于丛书的体例。基于凸显学术价值和史料价值的考虑，委员们认为学术自传宜涵盖作者的学术成长历程、作者对改革开放事业某个特定领域的研究成果和学术贡献、作者对特定领域改革前景的展望等方面内容。

第四，关于丛书的读者对象。委员们认为应主要面向青年学者以及学生，谈人生经验、述理想情怀，激励广大青年学者和学生确立奋斗的目标、发展的方向和成功的路径。

第五，关于丛书的文风。委员们主张学术自传应具有较强的理论性、学术性，同时文笔流畅、深入浅出，具有一定的可读性。

在经过充分讨论形成的候选经济学家名单基础上，与会委员按照获得半数以上多数票入选的规则，以无记名投票方式表决确定了65位入选者。

会议还决定，请因故请假的委员继续对候选经济学家名单通讯投票，并根据此项流程的统计结果，提请全体编辑委员会委员再进行一次通讯评审，最终确定丛书入选者为68位。

由此产生的《改革开放进程中的经济学家学术自传》丛书入选作者为（按姓氏音序排列）：白重恩、蔡昉、曹远征、常修泽、陈东琪、陈清泰、陈锡文、迟福林、樊纲、范恒山、房维中、高培勇、高尚全、郭克莎、郭树清、韩俊、洪银兴、华生、黄达、黄群慧、贾康、江小涓、金碚、李剑阁、李京文、李实、李晓西、李扬、厉以宁、林毅夫、林兆木、刘国光、刘鹤、刘诗白、刘世锦、刘树成、刘伟、隆国强、楼继伟、马建堂、彭森、钱颖一、宋晓梧、田国强、王梦奎、王一鸣、魏杰、魏礼群、乌家培、吴敬琏、吴晓灵、杨启先、杨瑞龙、易纲、余永定、张军、张军扩、张维迎、张晓山、张燕生、张宇燕、张卓元、赵人伟、郑新立、周其仁、周叔莲、周小川、朱玲。

在确定入选者名单之后，《经济研究》编辑部立即展开了组稿工作，共有46位入选者接受约稿。在这一过程中，入选的经济学家或其家属、秘书、好友等，对我们的工作给予了热情的支持，在百忙之中积极准备所需要的文献，其认真精神令人感动。应该说，没有他们的积极响应和大力支持，这套丛书是难以按时按质完成的。

由于入选的经济学家大多是名人、忙人，有一部分老作者也已年届九十高龄，约稿的工作量及其难度可想而知。一些作者提出暂不能写作，这多少令我们感到些许遗憾。其间也有许多感人的情景要告诉读者们：常修泽先生于2018年夏天在吉林延边的一个小镇闭门两三个月专事自传写作，在整个写作过程中数十次与编辑部和出版社沟通，包括内容完善、结构设计和一些合理性建议等诸多细节，并且在约定期限内交稿给编辑部；九十五岁高龄的黄达教授在写作过程中十余次通过电话或电子邮件与编辑部讨论写作重点和风格；乌家培、林兆木、王梦奎等老先生也是不厌其烦，反复就文字沟通润色；周叔莲先生在去世前一周还给编辑部打电话，告诉编辑自己已经基本完成了书稿的写作，并详细介绍了自己的写作过程和感想，我们至今忆此仍为之动容。在这些难得的沟通中，我们一次次被感动。

随着此套丛书的陆续编辑出版，我们越来越强烈地体会到了这项工作的意义和价值：

入选这套丛书的作者，系改革开放进程中的经济学家，他们的知名度较高，社会影响较大。这套自传体丛书，是对他们的代表性研究成果、学术贡献、成长历程及人格魅力的一个集中展示。对于广大读者特别是青年学子来说，这无疑是一个难得的学习、了解我国经济理论和现实问题的机会。

这些经济学家在各自的学术领域都是佼佼者或领军者，他们学术素养深厚、学术成就卓越。他们在自传中大多以第一人称娓娓道来，讲述了自己的家国情怀与学术成长经历，为记录我国改革开放历程留下了第一手资料。从经济史和思想史的角度看，这应该是非常有史料价值的研究文献。

众多大家的纸上风华，既映射出中国改革开放40多年取得的巨大成就，也是对中国改革与发展经验比较系统的总结。正如习近平总书记所指出的："从我国改革发展的实践中挖掘新材料、发现新问题、提出新观点、构建新理论，加强对改革开放和社会主义现代化建设实践经验的系统总结，加强对发展社会主义市场经济、民主政治、先进文化、和谐社会、生态文明以及党的执政能力建设等领域的分析研究，加强对党中央治国理政新理念新思想新战略的研究阐释，提炼出有学理性的新理论，概括出有规律性的新实践。这是构建中国特色哲学社会科学的着力点、着重点。"应该说，本套丛书的作者们用生动而精彩的人生与学术追求，践行了这一重要要求。

这套丛书的编辑出版与《经济研究》编辑部各位同仁的努力也是分不开的。他们通过电话、短信和邮件等方式不断地与作者或其家人、秘书等进行沟通。参加组稿和审稿工作的人员有：郑红亮、刘霞辉、张永山、唐寿宁、王利娜、谢谦、金成武、孙三百、陈小亮、欧宏、王红梅、刘莹、曹帅。

广东经济出版社的领导和编辑在本丛书的出版过程中也做了大量的工作，正是有了他们的努力，这套丛书才得以顺利与读者见面。

特别值得一提的是，这样一套组织工作浩繁的大型丛书，见证了《经济研究》编辑部与广东经济出版社值得称道的团队合作精神。编辑部的张永山、王红梅同志和广东经济出版社的编辑团队从始至终为丛书的组织沟通、约稿、文稿整理付出了大量的心血，他们的耐心和一丝不苟的敬业精神令人称道。

这套丛书就此付梓了，回望中国改革开放的辉煌岁月，携手丛书作者对祖国的拳拳心路与期待，我们略感欣慰！但由于时间仓促，加之我们的水平有限，书中的不足和错误之处在所难免，敬请广大读者批评指正。

《改革开放进程中的经济学家学术自传》丛书编辑委员会

2019年10月

作者简介

樊纲

男，汉族，1953年9月20日生于北京，祖籍上海，博士研究生毕业，中国社会科学院研究员，北京大学经济学教授。

樊纲于1969年赴黑龙江生产建设兵团“上山下乡”，1975年转到河北省围场县插队，1978年考入河北大学经济系，1982年考入中国社会科学院研究生院攻读经济学硕士、博士学位。1985年至1987年赴美国国民经济研究局及哈佛大学访问研究，1988年获经济学博士学位，同年进入中国社会科学院经济研究所工作，1992年至1993年任《经济研究》编辑部主任，1994年至1995年任中国社会科学院经济研究所副所长，1996年创办国民经济研究所。1992年获评国家级有突出贡献的中青年专家。现任中国经济体制改革研究会副会长、国民经济研究所所长、综合开发研究院（中国·深圳）院长。

樊纲的主要研究领域为宏观经济学、体制转轨经济学和发展经济学，发表《现代三大经济理论体系的比较与综合》《公有制宏观经济理论大纲》《渐进改革的政治经济学分析》《制度改变中国——制度变革与社会转型》等多部专著，中英文论文数百篇。1991年、2005年两次获得孙冶方经济科学奖，2004年被法国奥弗涅大学、2010年被加拿大皇家大学授予荣誉博士学位。

除了学术理论研究外，樊纲还在现实问题的研究和政策分析方面做了大量的工作。由其主持编制的“中国市场化指数”报告自1997年以来已经发表了20期，成为世界各国研究中国问题和制度问题的专家学者们使用的一个重要的时间序列经济变量。他任院长的综合开发研究院（中国·深圳）2015年被确定为首批25家“中国国家高端智库”之一，每年为中央政府及有关部门、各地方政府提供大量的决策咨询。2006—2010年、2015—2018年，樊纲两次被国务院任命为

2004年樊纲（右一）在法国奥弗涅大学被授予荣誉博士学位时与当地学者的合影

中国人民银行货币政策委员会委员；历年来担任中央政府若干经济部门和一些省、市政府的经济顾问或咨询专家，主持了一系列国家与部委办的重大课题的研究，并任世界银行、国际货币基金组织、联合国开发计划署、亚洲开发银行等国际机构的经济研究咨询专家。2005年、2008年、2010年，樊纲连续三次被美国《外交政策研究》与英国《观点》杂志评选为“世界最受尊敬的100位公共知识分子”之一（2010年为“世界100位思想家”之一）。

目录

壹

上学十年

1978年是中国改革开放的元年，中国从此结束了“以阶级斗争为纲”，走上了经济发展的正路，可以说这一年是中华民族的一个重要的转折时刻。而正是在这一年，我告别了9年的知青生活。“文化大革命”之后恢复了高考，我作为那时的第一批大学生，开始了十年之久的学习生涯（从大学一直到博士研究生毕业），我选读的专业是经济学，这也是我人生的一个重大转折。这种与民族、国家同命运的人生轨迹，使我有幸亲历了中国经济从近代的“最低点”一路攀升，迅速成长，即将成为世界第一大经济体的伟大进程。我们这一代的这种经历，可以说是前无古人、后无来者，而且是先苦后甜，充满着国家与社会欣欣向荣所带来的喜悦。所以，作为经济学者，我们可以说是历史上最幸福的一代！

一 踏上经济学之路

1977年，我在河北省承德地区的围场县工作，当时已经由一名下乡“知识青年”，转为县文化馆的正式职工，从事文艺创作，就是为县文化馆的演出团体编写一些快板、相声、大鼓书之类的作品，用于文艺宣传。那年10月的一天，我正在一个公社的铸铁厂“体验生活”，从公社的大喇叭里听到了中央宣布恢复高考的消息，当时为之一振。但是我没有受过系统的中学教育，“文化大革命”开始的时候，我小学六年级毕业，后来进了中学，但在中学的那一年多的时间里，基本在读“红宝书”，没有上过什么数理化的文化课，能考上大学吗？我辗转反侧，一晚没睡，第二天一早，抱着“不考白不考，我是小学生，考不上不丢人”的心态，回到县城，开始了两个多月的“复习备考”。

我的所谓“复习”，其实是“自学”（当时还没有各种补习班）。文史哲经，主要靠过去看“杂书”的积累，也没有多看中学课本。考文科不考物理、化学，但数学是要考的，所以当时我的精力主要就用在数学学习上。从初中到高中，记得当时一共8本数学课本，两个月内学了7本多一点（考试前一天晚上学了第8本解析几何中的“椭圆”，第二天还用上了），数学考试居然及格了，我考进了河北大学。

学什么专业呢？当时每人可以报3所学校，也就是填3个志愿，我3个志愿报的都是经济系，当时的专业名称是“政治经济学”，可见是“死心塌地”要学经济学的。我没有根据当时已经从事的工作即文艺创作去考中文系，似乎是没有利用好自己的相对优势，颇不被人看好和理解。其实，我这样做是有原因的，在那之前的相当长一段时间，我自身的经历使我确实对经济学产生了浓厚的兴趣。

我们那一代“上山下乡”的“知识青年”，由于没有受过系统的中学教育，知识基础是残缺不全的。我们能够在农村艰苦的环境里读得到，也多少能读懂的书，大抵上只能是文学或社会科学之类的书籍。这类书相对来说容易读进去，不像数学那么抽象，而物理、化学不做实验也学不会。况且，这一类书与生活也更近一点，对我们所苦恼的问题更有帮助一些。

那时我读了不少的“杂书”，大致有三类：一是文学，包括文学评论、文学史之类，这类书占了大头。二是历史，正史加野史。我今天历史知识的底子，基本上还是那个时候打下的。三是以马列著作的内容为主体的哲学、政治经济学。回想起来，读历史书对我形成自己的人生志向，起到了很大的作用。那个时代的历史书上还都是英雄故事，讲的是王侯将相，加上一些农民起义的英雄。这些革命历史书实际上是一种矛盾混合体：尽管从头到尾都在强调历史是人民群众创造的，但又从头到尾都是些英雄、伟人，都是些大人物的故事，它明白无误地告诉你只有干出点与众不同的事情，历史才会记你一笔。这些史书让我产生了改变生活现状的强烈愿望。

杂书读多了，知识不系统，我渐渐开始想寻找一些“大书”，好有点系统性的学习。回家探亲时我在家中找到了那个时代相当重要的两本“大书”，一本是《辩证唯物主义与历史唯物主义》，另一本是《政治经济学教科书》。这两本书都是教科书性质的，令我第一次系统地接触和思考哲学与经济学中的一些重要关系。这两本书，一本属于哲学教科书，一本属于经济学教科书，而两本书的开头以及基本理论部分的概念都是一样的。那么，哲学和经济学哪个更为根本呢？我认为自己找到了答案，那就是，经济学更为根本一些。而且我觉得，在人文社会科学诸学科中，经济学是更有实用价值的知识。这两本书中都强调了生产力发展水平和经济关系是整个社会的基础。马克思主义的历史唯物主义其实讲的主要就是经济的重要地位。学了历史唯物主义和经济学，你无论如何都能多懂得一些社会发展的基本过程以及现实中的各种社会关系。应该说，这两本书对我经济学兴趣的启蒙，起到了重要的作用。我后来又读了苏联的《社会主义政治经济学》，以及毛泽东对这本书的评论与批判的“手抄本”，就更感兴趣了！特别是毛泽东海阔天空的评论，无论是对是错，总能让你兴奋：原来许多东西还是没有定论的，还是可以争论的！那可是有意思、有“干头”了！

思想的启蒙是一个方面，还有现实的启蒙。我们下乡到了黑龙江生产建设兵团，亲身经历、亲眼看到了当时兵团经济状况的日益恶化。就一个连队来说，在知青来之前，本来二十几个人，开着同样数目的机器，种着同样面积的土地，后来一下子来了百十号知青，还是那些机械、那些地，产量反倒连年下降，亏损当然是越来越严重，劳动生产率越来越低。当时我就产生了疑问：不是“劳动价值论”吗？劳动多了，为什么亏损反倒大了？劳动创造的价值在哪里？也是因为亏损日益严重，1975年前后，兵团准备“学大寨”，

1969年11月摄于下乡所在地黑龙江省爱辉县

在一些地方试行农村人民公社的收入分配办法，把固定工资制改为工分制，其目的无非是增加一些物质刺激，使收入与劳动表现挂钩。我们连是试点之一，连队指导员觉得此事不好办，就找大伙商量。由于学了点政治经济学，有点理论知识，我就想对此事做一番“理论分析”，于是就对兵团总部的试点方案提出了不同的看法，认为应该怎样怎样才更符合国营农场的所有制性质和分配方式的性质。连队指导员听了很欣赏，就让我将其写成了书面材料，以连队的名义寄到了兵团总部。没过多久，兵团正好要召开一个工分制试点的工作会议，就特地请我们连队派人去参加，于是我就和连队指导员一起去了趟佳木斯兵团总部。会上根本没有讨论我们提出的意见，只是传达了上面的文件和具体工作安排，对一些问题进行说明。只有一位干事在会间找到我们略做了一些解释，说一切都定了，就这么做吧。但无论如何，这是我第一次有一点效果的“理论分析”，从此我对各类有关的经济问题自然也就更加关心、更加注意了。

对经济学研究感兴趣的第三个原因，是很个人的。在文化馆搞文艺创作，也很有意思，但是与其他同事比起来，自我感觉不是很美妙。一方面是我不会讲故事，别人遇到件事，可以天花乱坠地描述半天，而我则只是“抽象”出主要内容和主要道理，几句话讲完，自我感觉形象思维较差、逻辑思维较强。另一方面可能更重要，就是我写文学作品从不“激动”，但让我争论什么道理，往往激动得睡不着觉，感觉自己做理论研究比较幸福。

现在终于恢复高考了，有了上大学系统学习的机会，于是我义无反顾地踏上了经济学研究之路。这也是情理之中的事吧。

二 “哈佛开悟”

改革开放的头10年，正是我连续上学读书的10年，所以在这里是需要回顾一下的。

1977年秋天，中国恢复高考，1978年3月我进入河北大学经济系学习。正常一学年是9月份开学，但我这一届大学生3月份就正式开学了。现在想一想，当时中国的领导人连半年都不愿意再等了，中国太需要人才了！

本科毕业后，我考入中国社会科学院，师从朱绍文老师继续攻读硕士、博士学位，学习西方经济学。朱老师早年毕业于日本东京帝国大学（现为东京大学），读政治经济学和思想史。我一开始选的专业是思想史。他很开放，完全让我

2003年春节樊纲（右一）与博士生导师朱绍文夫妇合影

们自己学，但是逼着我们一定要读书，读原著。他还要求我们读史，读经济史和思想史，这样就使我有了一个基础性的认识：从历史的角度看问题，看发展的过程，谁都不可能一口吃成个胖子，今天的一切都是历史发展的结果。同时，也给了我们一个起点，就是你一定要站在前人的肩膀上才能有所发展，你要知道别人说了什么、做了什么。看了历史上讨论过的那些问题，你才能知道哪些问题是新的；哪些问题是值得你努力进一步研究的；哪些是已经研究过了的，并不是什么新的东西。

我们读书的时候，正值改革开放如火如荼之际。很多社会科学院的学生当时已经崭露头角，各类研讨会也非常多。有一次，我参加完外面的研讨会回来，向朱老师做了一下汇报。本以为会获得褒奖，没想到被痛批一顿。朱老师说，你们在学校的这几年学习时间非常宝贵，应该读经典、读原著。读经典、读原著是和伟人对话，参加形形色色的研讨会不过是和俗人对话，你们是在浪费时间！

我在攻读博士学位期间，又有幸获得机会，赴美国国民经济研究局（NBER）和哈佛大学研究学习。而这个机会的获得，需要特别感谢时任中国社会科学院经济研究所所长、著名经济学家董辅礽先生。

我可以说是读着董辅礽老师的文章走进经济学殿堂的，在大学二年级学习“社会主义政治经济学”的时候，就开始读他在20世纪60年代初期写的关于国民收入平衡的系列论文了。在那时的理论著作中，董老师的文章可以说是真正的经济理论论文，不仅内容丰富、言之有物、逻辑严谨，而且堂堂正正，毫无政治媚俗之态，即使后来读起来也丝毫没有过时的感觉，使我们真正感觉到经济学的“理论之美”。

第一次见到董老师，是在1980年我读大学二年级的时候，董老师来河北大学作报告。那一次对我来说可以说是第一次亲眼见到、亲耳听到一位自己仰慕已久的全国著名的经济学家作报告，而且讲的是当时十分前卫的话题：国有企业改革。董老师的大家风范、睿智深刻，不仅给了我们理论上和思想上的启迪，也为我们今后的学习与研究树立了一个榜样，使我们知道应该怎样做一名经济学者。

我考入中国社会科学院研究生院以后，接触董老师的机会就多起来了，因为那时他兼任我们经济系的主任。他虽然不常给我们开会，但每一次座谈，从他不多的话语中，我们都可以学到不少东西。

而我直接“受惠”于董老师，是在1985年考上博士研究生之后。那时，董老师是经济研究所的所长。1985年下半年，是他做出的决定，把当年经济研究所唯一的一个公派去美国著名学府研究学习的名额给了我。我当时还是一名学生，还不是经济研究所的工作人员，而当时一个出国学习的名额是那么的稀缺，有多少人在争取可想而知。我与董老师非亲非故，也不是他的学生，而他却力排众议，把这一宝贵的机会给了我这个所外的人。据说当时他提出的理由就是我西方经济学的功底较好，外语好，出去学习能学到更多的东西，回来更有用。

不知我有没有辜负董老师的殷切希望，但无论如何，从他做出的这一决定中，可以看出他无私的胸怀，他甚至不从一个研究所的局部利益出发考虑问题（我以后是否会留在经济研究所工作是一件不确定的事），而是从国家的人才培养、经济学学科建设的角度思考问题，来“配置”这份资源。我走之前和回来之后都没有专门去拜访他一下、感谢他一下（后来想想有点后悔），但我潜意识里知道他所在乎的绝不是我的一点客套，而是我以后的表现。应该说，后来当我做出不违反国家规定超时滞留国外学习，也不留在美国工作，而是抓紧利用一年半的宝贵时间多读书、多听课、多学些东西并尽快回国工作的一系列决定的时候，不能让董老师失望、不能让经济研究所失望这些因素都有在起作用，那种“知恩图报”心理也在起作用。

1985年10月，我作为访问学者来到美国。

我在美国的访问机构是美国的国民经济研究局和哈佛大学。美国的国民经济研究局是国际上非常有名的学术研究机构，许多著名的经济学家都曾在这里研习。这个开放的学术团体的运作方式，令我印象深刻。后来，我自己组建了一个研究机构，也采用开放的运作方式，连名字都与这个机构类似，叫“国民经济研究所”，与“国民经济研究局”只差一个字。

出国之前，我已经读了不少书，学了很多理论，脑子里装了很多东西。毕竟，如果从1978年算起，我系统地学习经济学已有七八年了，应当说，我已经受过基本的经济学的训练，但问题在于：第一，我到美国时已经30岁出头了，对西方社会的理解本来就已经先天不足了。美国政府一改税制，我的房东，一个普通人，都立马知道对自己的影响，而我得研究半天才能知道，对经济的理解没有什么优势可言。第二，我的那些理论知识是分装在不同的“抽屉”里的。很多经济学的东西，比如经济学的研究方法，经济学与其他学科的关系，包括与哲学的关系、与道德的关系、与价值和意识形态的关系，还有经济学科的研究范围等，它们东一块西一块，都还是碎片化的知识，彼此没有贯通起来。在美国“洋插队”期间，我经历了“痛苦”的经济学“炼狱”，正是在这里，我感到自己对经济学的理解进入了一个新的境界，产生了一种“十年积累、一朝开悟”的融会贯通的感觉。

在访问哈佛大学期间，我听了很多课。每门课讲的都是这个领域最前沿的东西，而且，这些前沿的东西都是建立在过去经济学知识的积累上的。这样，我就有机会把以前所学的东西重新整理、思考一遍。哈佛大学的课程有一个特点：重点讲前沿的进展，介绍很多论文。这些东西光看教科书是看不出来的。我对哈佛大学的研究生教学方法感触非常深，后来我曾在社会科学院研究生院尝试这种经济学教学方法，效果很好，只不过无法持续下去。

在访问哈佛大学期间，我着重学习了微观经济理论、宏观经济理论和计量经济学方法。仅仅就微观经济理论、宏观经济理论来说，讲的大部分都是当时近5年的新东西，最新论文就有40多篇，包括国际经济学、新马克思主义、动态理论、高级微观经济学、高级宏观经济学。同时我还旁听了不少课程，参加了很多讲座。这一高强度、高浓缩的学习过程确实让我受益匪浅。

而且，哈佛大学作为国际知名学府，有一个很大的优势，那就是大家云集。这是一种令人兴奋、令人着迷的思想经历。一方面，有机会近距离学习、揣摩大师们的思想方法；另一方面，大家的学术成就也带来很大的压力，他们实际上是逼着你把自己的标准设得高一些，要求高了，就会想方设法去实现。哈佛大学的学术氛围推动着你去努力，最终有所成就。对于立志成为经济学家的人来说，这种训练是很宝贵的。

当然，压力之大也是可想而知的。在哈佛大学，不仅要大量地阅读原文原著，还要做大量的课外作业，数学知识也要求很高，理论内容直接涉及许多“前沿”问题；老师在课上讲的内容相对来说很少，主要靠自己读书、做作业，一篇作业做下来有时相当于写出一篇论文，而且无论是作业题还是考试题都是尽可能地为难学生，尽量地给学生施加压力。刚开始，由于语言等原因，一堂课听下来往往感觉云里雾里，掌握不到什么东西。而我又不是正式注册的学生，一切都取决于自己的选择：我可以不去费那个劲，可以不读书、不做作业，甚至可以根本不去听课，轻轻松松当一个一般的访问学者，四处走走，增长些见识，写些东西，也说得过去。当时许多访问学者就是这样混过来的。我也产生过这样混的念头。每当感到课程跟不上、听不进去的时候，每当作业做不出来、论文读不完的时候，都会产生“逃跑”的念头。

当时，有好几个月的时间，就在似有压力似无压力、似学非学之间溜掉了。直到后来，当我在种种考虑之下决定不留在美国谋职而是回国做事之后，意识到这可能是我在课堂上系统地学习当代经济学理论的最后一个机会，失去了，自己再学就要费不知多大的劲也不一定能真正学通的时候，才下了一定要“学进去”的决心。于是，我才开始从头学起，跟着班上的学生一起听课、做作业、参加小组讨论、参加考试，硬着头皮把两个学期的两大理论课程（高级微观经济学和高级宏观经济学）跟了下来。

这是一段难忘的读书经历。虽然没能继续留下来读一个学位，但我还是感到心里很踏实，也很充实，毕竟是把当代经济学的基本理论和方法系统地学了一遍。对于当时面临困难选择时的矛盾心理，现在回忆这段经历的时候，不免还有些后怕：如果那时没有咬牙坚持下来而是选择逃跑，我可能会后悔一辈子。

贰

经济学分析的尝试

访学回国后，我一边写博士论文，一边尝试着用现代经济学的理论，对我们日常司空见惯的现象进行经济学的分析。我发表的第一篇论文是《论公有制经济中各种利益目标、利益矛盾和经济行为》[①]，第二篇就是《灰市场理论》[②]。

一 利益目标分析

那时，“社会主义经济理论”的重要缺陷之一，就是还未在理论上为各经济行为主体实证性地确认各自的行为目标，也就是各种经济行为所追求的那些特殊的经济利益，并由此合乎逻辑地去分析、论证人们的经济行为、选择及其社会效果。传统理论关于利益目标的唯一论述，就是“社会主义基本经济规律”以及全体社会成员为了那同一目标“同志式地相互协作”。这样的理论，与其说是从经济生活的现实中概括出的客观必然性，还不如说是阐述一种“理想状态”，从而“教导”人们应该如何去做。所以事实上它并没有回答“人们的行为利益目标究竟是什么”这个实证性的理论问题。那些年，有的经济学家也曾对利益目标和利益矛盾问题进行过一些分析，但利益目标和利益矛盾在对各种经济问题的理论分析中还未起到真正的有机的作用，没有成为经济分析的有机组成部分和论证基础。而说不清人们的行为动机，

① 樊纲：《论公有制经济中各种利益目标、利益矛盾和经济行为》，《中国社会科学院研究生院学报》1988年第1期。

② 樊纲：《灰市场理论》，《经济研究》1988年第8期。

便不能说明人们为什么这样做而不那样做；分析经济问题时若不能依据人们的利益目标和相应的必然经济行为，便不能说明经济现象为什么必然发生，经济学也就总也不能成为严格的分析科学。

由于这个问题在进行理论分析时具有“前提”的性质，不把它先说清楚，就无法做下面的事情，于是，我回国之初就试图在这方面将理论推进一步，1988年初在《中国社会科学院研究生院学报》上发表了《论公有制经济中各种利益目标、利益矛盾和经济行为》一文。当然，我不能对有关的每一个问题做很详尽的论述，而只能通过广泛举例和简单的分析，说明问题的意义和基本的分析方法。

以投资为例。地方为什么要争投资？投资的目的是什么？传统理论中的一个解释是说，地方决策人相信高增长对国民经济有利。这个解释对过去某些时期也许是适用的，但在后来中央三令五申压缩投资、申明多投资无益的情况下，显然是缺乏说服力的。另一个解释是“预算软约束”。这当然是一个重要的因素。但是，预算软约束的结果只是使地方和企业的投资成本降低甚至消失，却并不能说明投资的另一方面，即收益动机：即使投资成本等于零，但若收益也为零，人们还是不会费时费力地去争取投资和进行投资。我们至少必须说明，有哪些因素，使得投资的收益大于为投资而费的力气、惹的麻烦等所造成的那一部分“投资成本”。

地方投资的动机和目的，必须由地方的投资收益，即投资给地方带来的“好处”来说明。好处显然是存在的，投资多了，地方经济繁荣，就业增加，人均收入提高；一项生产性投资中所包含的种种辅助性建设项目，可以缓解交通、住房等方面的矛盾；一个地方投资多了，可以搞得大而全、小而全，于是可以少受些“求人办事”之苦；投资多了，若可导致所留利润增长，也可使地方财政更宽裕，大家的奖金也可增加；等等。这些动机完全不否定地方会考虑到国家的利益，比如地方确实是因为看到了某项投资对整个国民经济的益处才要求它上马的，但是若没有地方的特殊利益，便无法说明在投资问题上的利益矛盾。

中央与地方在投资问题上的矛盾的根本所在，就是一定量的投资所能创造的全民利益和地方利益是不同的，从而对于全民利益来说的最佳投资量与对于地方利益来说的最佳投资量是不同的。

这里有关利益目标分析的基本方法，便是经济学特别需要的抽象法。抽象法的特殊意义就在于，将某一行为主体的多元的、多样的利益目标抽象化、一般化，从而形成可以由一种至少对于行为主体自身来说统一的尺度或标准加以衡量和比较的统一的目标函数。在某些问题上，经济现实中存在着现成的一般的统一标准，比如货币价值尺度就可以把各种商品表现为一个统一的量。但在另外一些经济现实中，特别是在非市场因素对于经济活动有着重要影响的公有制计划经济中，经济行为的目标并不一定就都能用货币价值尺度来衡量。比如，我们都知道政治的因素在经济中往往起到很重要的作用，我国历史上还出现过“算政治账不算经济账”的口号，而且这不仅是口号，也是现实——经济活动就是根据某种政治目标来决定的。那么，这个“政治账”是怎么算的？

在更复杂的情况下，也就是在既算政治账又算经济账的情况下，这笔“账”又该怎么算？显然不是用货币价值尺度算的：政治利益往往并不与物质、经济利益相联系，高官不一定厚禄，而往往只是与名誉、地位、权势等一些至少在非高度发达的商品经济中无法用货币加以衡量的因素相联系。但行为主体、决策者，又显然有他们自己的算法，能够把那些不能直接“通约”的东西用某种抽象的但统一的尺度进行衡量和比较。我们经济学的任务，便是要把他们心目中的那个尺度、算法抽象出来、概括出来，作为理论分析的基础。在这里，找到了理论上的抽象度量标准，并不一定立刻就能在实践中对其加以具体的度量，还有赖于理论和技术方法的进一步发展和完善。但这并不就是否定抽象的度量标准在理论分析中的重要意义和分析结论对于经济实践的指导作用。事实上，经济学要想发展成为真正精密的分析科学，首先有赖于正确地运用抽象力，为那些在实践中尚不可直接度量、直接比较的因素，在理论上确立起抽象而统一的度量标准。

我的学术论文，最初被学术界广泛注意到的，当然是发表在《经济研究》《读书》一类重要刊物上的那些，比如1988年发表的那篇《灰市场理论》。但是事实上，《灰市场理论》中所体现的基本学术思想和分析方法，最初以某种较为集中、简练的方式表达出来的，却是1987年写成、1988年发表的《论公有制经济中各种利益目标、利益矛盾和经济行为》。这是我从美国回国后所写的第一篇经济学学术文章。在哈佛大学访学期间，我一边学习、一边思考的问题，首先就是如何用现代经济理论分析中国经济的各种现象；而我之所以下定决心回国，首先就是因为在这一思考过程中，我的确感觉已经“悟”出了一点味道，相信自己可以在将中国的特殊问题分析、“提炼”成一些特殊的理论模型方面，做一点在当时还算是独到的事情。这篇文章就是我回国后“迫不及待”写出的，可以算是我在经济学理论研究上真正“上路”的起点。

这篇文章（以及我后来的许多文章）要做的工作，其实是经济学研究中最基本的事情：分析一下在我们这个特殊的经济体制条件下，人们（包括企业）的“目标函数”究竟是什么，他们的行为约束又是什么；他们的“利益”是如何定义的，他们为此所付的“成本”又是什么；他们将如何行为，行为的基本逻辑是什么；等等。总之，不是“事情应该是怎样的”，而是“事实是怎样的”。我所依据的一个基本假定是：人们都在追求某种利益，但是在不同的制度条件下，人们的利益结构是不同的，目标函数的具体构成是不同的，制约他们行为的各种“约束条件”也是不同的。而这一假定其实也就意味着：西方标准教科书中的行为主体的目标函数与行为约束，以及我们过去“苏联式社会主义政治经济学”教科书中所说的人们的目标函数和行为约束，可能都不能直接应用于中国经济的实际问题的分析，都需要我们来重新定义。西方教科书中的经济主体，是以私有制市场经济为体制条件的；而“苏联式社会主义政治经济学”教科书中所说的基本是在一种理想的体制下“人们应该如何行为”这件事，一直没能面对现实，讨论一下在现实的条件下，各种行为主体究竟是如何行为的。正因如此，无论是将这二者中的哪一个直接用于分析我们的实际问题，人们都会认为经济学家们“理论脱离实际”，好像要么是在说别人的事情，是在谈论一种理想，要么是在进行“应该如何如何”的道德说教。改革开放以后，我国引进了西方经济学教科书，于是又出现了一种新的“说教”，一些经济学家转而去说人们应该如何像西方教科书中的行为主体那样行为，比如，企业“应该”以利润最大化为目标，政府“应该”以社会福利为追求目标，好像不改体制，人们就可以实现这种“应该”的事情。在一定意义上，我说这是“用社会主义政治经济学的方法去应用西方经济学的结论”。它显然还是不能解决我们的现实问题，不能真正做到理论联系实际，显然还没有真正理解现代经济学的原理与精神，也不能使人们看到经济理论的“美”：将现实中复杂的现象提炼、升华到简单的理论模型去加以把握！

多年之后，还会有一些人对我提起这篇文章中所分析的“雷锋行为”，说明这篇文章并不是完全没有被注意到，但它显然不如《灰市场理论》等文章更为人所知。在一定意义上，这篇文章发表之后，类似的分析已经融入整个理论的分析当中，自然地作为理论模型的基础，而不再将行为模式的分析作为立意的重点了。多年过去了，“人们各有各的特殊利益”这一思想，已经被广泛接受，但“不改制度，人们的利益结构和行为方式就改不了”这一论点，还并未被所有人接受。正是在这个意义上，我想这篇文章还是有一些现实的意义的。我在这里回顾这些，不只是具有记录个人研究历程的意思，还希望有更多的人能够重视文中所阐发的论点。

在一定意义上，经济学，就是分析人们在不同的情况下，究竟在追求哪些目标，在事实上受到哪些约束。不去研究这些问题，就算不上经济学分析，也不可能提出有效的“政策建议”。

二 灰市场理论

1988年我写《灰市场理论》一文时，市场短缺和相应的“走后门”盛行，是困扰中国的最大问题之一。但是人们只是一般地对其进行批判，还没有深入分析其机理的理论文章。我想做的，就是通过深入的经济学理论分析，先把事情说清楚，把人们没有认识到的逻辑关系揭示和概括出来，在此基础上再提出对策。

这篇文章发表后，引起了较大的反响，可以说成了我的“成名作”，当时的《经济研究》杂志常务副主编唐宗焜老师专门为我这篇文章组织了一次学术研讨会（据说是《经济研究》杂志历史上第一次为刚发表的论文举行这样的研讨会）。

由于本书将此文作为附录放在全书的结尾，这里不对此文的具体内容进行阐述，而仅就它在当时的贡献做一点回顾。

我想，《灰市场理论》一文在当时的贡献有以下几点：

第一，用一种“讲故事”的形式切入，从“用汾酒换云烟”的现象出发，展示了经济学“分析身边事”的能力与魅力。经济学是分析人的行为的，而不只是分析那些统计数字。而且，经济学的形成和发展，都是一个逐步分析当前发生的经济现象的过程。商品短缺、“走后门”、以权谋私、“官倒”这一系列当时几乎每天在我们身边发生的事情，都是可以用经济学的方法进行分析的，也是可以从中提炼出新的理论要素的。

第二，理论抽象很重要，是认识复杂现实的可靠的工具，可以通过这种理论分析，一层一层深入下去，提出一些简单的直观观察所发现不了的问题，从而得出更深一层的结论，为制定正确、有效（关键是有效）的政策提供坚实的理论基础。“走后门”这种灰市场行为，实际上会导致消费者价格的上涨，所以放开价格导致价格一定时期的上涨，其实是消费者可以承受的，因为事实上他们已经在承受了，“消费者剩余”已经被扣掉一大部分，“短缺聚集”更是使没有“后门”可走的消费者群体感受到更大程度的商品短缺。最关键的问题是，在灰市场条件下，由于生产者面对的是“固定价格”，所以灰市场交易中的“加价”，不会到他们手中，成为他们增长生产、消除短缺的激励，其结果就是短缺的持续。所以改革固定价格制度，实行市场供求决定价格，是消除短缺，同时消除市场流通环节“灰市加价”的根本出路。

第三，这篇文章使用的是比较规范的现代经济学的理论框架和分析方法，从而表明，现代经济学是可以被用来分析我国的经济现象的。尽管当时我们的经济还不是市场经济，但在分析人的经济行为、分析不同经济体制中的激励与约束对经济变量的作用这些根本的问题上，现代经济学的分析方法同样是可用的。在不同的经济体制下，会有不同的经济现象，但是人的基本行为逻辑是一样的，因此经济学的一般理论与一般方法，是可以被用来分析不同体制下的特殊经济问题的。

文章发表以后，经常有人问的一个问题是，这个“灰市场理论”与当时在我国已经开始被大家注意到并在一定程度上流行开来的“寻租理论”是什么关系。我一直没有就这个问题直接地回答过，现在不妨借此机会讨论一下。

寻租理论基本上属于“公共经济学”的范畴，分析的是公共政策制定和执行过程如何受到私人利益的干扰，公共政策制定者甚至整个政府作为一个政治机器是如何在各种私人利益的制约下制定出使资源配置无效率的政策，行贿、受贿一类的事情是如何在公共政策领域里发生的。也就是说，寻租理论研究的是公共政策制定过程中的问题。而灰市场理论所要做的事，则主要是在那些给定的（偏离最优配置的）公共政策条件下，把那些公共政策作为“制度背景”，分析市场上人们是如何交易（“走后门”）的，价格（灰市加价）是如何决定的，资源（消费者剩余）在市场各行为主体都来参与交易和博弈的情况下最终是如何配置的以及会产生哪些经济后果，等等。简而言之，寻租理论研究的是政策制定过程中的利益冲突或“利益背景”（政策是如何体现各种利益的），而灰市场理论研究的则是在给定的公共政策下微观行为主体的反应和市场运行的机理。

对上述问题的理解，其实在很大程度上取决于对繁杂而庞大的经济学整个体系各个组成部分及其相互关系的把握。这些年理论界的许多争论，其实都与对这个问题的理解有关，都或多或少因为有的人把属于不同领域中的问题混淆了，而没有把问题的边界搞清楚，从而也就说不清楚不同问题之间的相互关系（当然可以说天下不存在没有相互关系的东西）。任何一个学科，任何一个学科内的分支，如果没有自己的边界，也就没有学科发展本身。我十几年来多次写有关经济学“方法论”的文章，很大程度上都是为了说明这个问题。我把2001年发表的一篇文章中讨论宏观经济问题的几段文字摘录在这里，以便读者了解我对相关问题的看法。

研究与发展经济学是为了解决经济问题的。因此在讨论经济学学科划分的时候，我们不妨先来认真思考一下经济中都面临哪些大类的问题，或者说，对一个具体经济问题来说，都可能有哪些类的决定因素在起作用，由此来抓住学科分类的线索。

一个经济体系运行得“好”或“不好”、有效率或没有效率，大致上是由以下几类因素决定的：

——基本制度，如宪法、法治环境、政治体制，产权制度，等等；

…………

——定制条件下（如市场或计划）经济行为主体（economic-agents）的行为，这涉及收入分配、企业组织、市场机制与结构、市场规制、资源配置的具体方式，等等；

——总供求关系与经济波动，这主要是由总需求与潜在总供给的关系的变化所导致的经济增长率或就业率的变化；

…………

经济学似乎已经到了进一步“分裂”的时候，一个更加“完全的分类”似乎就可以由分别研究上述七个方面的七个学科分支构成：（1）制度（转轨）经济学；（2）微观经济学；（3）经济增长理论；（4）宏观经济学；（5）公共选择理论或政治经济学；（6）国际经济学；（7）以以上各方面理论为基础但又集中研究落后国家特殊问题的发展经济学。

这七个（特别是前六个）分支学科基本在一个层次上，处理不同方面的问题，可以有较为确定的学科界限，又涵盖了经济学目前的所有问题。

——摘自樊纲《经济学中的“长期”与“短期”问题——兼论经济学的学科分类》，《经济研究》2001年第6期

叁

基础理论比较

一 现代三大理论比较与综合

从本科、硕士到博士，我一直读的是经济学。这十年，也正是中国真正开始虚心向西方学习经济学的阶段。十年磨一剑，在我1988年从美国访学归来之时，一部酝酿已久的《现代三大经济理论体系的比较与综合》[①]开始落笔。这本书是在我的博士论文的基础上修订而成的，可以说是我的学术生涯的真正开端。

《现代三大经济理论体系的比较与综合》试图总结出经济学发展到当时的最重要成就（尽管还不是全部），搞清楚经济学到底说了些什么。我以一个初学者的眼光来看待和总结西方经济学的发展与成就，着重想解决的不单纯是一个如何学习西方经济学的问题，更重要的是回答我们为什么要学习、可不可以学习西方经济学的问题。

写此书也是针对那时中国经济学界长期存在着的一种观念，就是认为西方经济学的基本内容是不可取的，可以借鉴与运用的只是那些具体的分析工具与一些针对实际问题的对策分析。这恰恰是一种“颠倒了”的论点。由西方学者最近一两百年来发展起来的现代经济学，对我们最有用，我们最应该认真学习的恰恰是那些属于人类共同财富的基础理论，那些“基本的”内容与方法；而那些具体应用经济学理论来分析某些国家、某种特殊历史发展阶段、某种特定文化

① 樊纲：《现代三大经济理论体系的比较与综合》，上海三联书店，1990。

背景而得出的某些具体的结论、具体的政策、具体的做法，才是真正不必给予过多强调的。像其他科学领域中的基础理论一样，经济学的基础理论本身就具有普遍的、一般的科学意义。

《现代三大经济理论体系的比较与综合》从基础理论层面全面考察了现代三大经济流派：马克思主义经济学、新古典主义经济学和凯恩斯主义经济学。这一著作的基本逻辑是：社会经济活动的二重性导致了经济理论研究角度的二重性，从而导致片面的科学性以及“新综合”的可能性。历史上的各种理论体系，都从某一角度、某一侧面，为经济学的发展做出了某种贡献，后来的经济理论其实总是把前人的各种理论综合起来，推动理论不断进步。

使既有的各种理论获得有机的统一，使它们在一个有机的整体中“各得其所”，处在恰当的位置上相互联系，一般说来有两种情况或两种方法：一种是创造出一个全新的理论结构，而将以往产生的各种理论素材作为这一全新结构的组成因素包括进来。一般说来，这往往是在一门学科创建初期发生的情况，其结果是一门学科体系的形成。但是，当一门学科已经过相当程度的发展和积累，在各种理论已不是作为一些零散的理论观点存在，而是本身就已构成某种具有系统性的知识体系的情况下，作为整个学科向更高级阶段发展过程的理论综合，往往便是按照另一种方法进行的，即以某一种容量较大的理论为基本理论结构，或者说以其为新体系的理论结构的基础，而将其他各种理论的科学内容包括进来。

经济学目前发展阶段所面临的任务，并不是创建初期新体系的建立（亚当·斯密的理论体系在当初完成了这一任务），而是如何对已经形成的各种理论体系进行有机的综合。首先面临的一个重要问题是：在各理论体系之间进行比较和选择，做出一个“理性的判断”，看哪一个体系更适合作为综合的基础结构。这就有必要进一步比较研究各种理论在基本理论结构上的差异。

过去，经济学界其实已经做过多次综合，把原来的理论纳入新的框架，比如马歇尔就把边际学派与古典经济学的理论通过均衡价格理论综合了起来。凯恩斯理论提出后，人们在宏观经济理论框架内用“宏观个人”的概念，将新古典理论中的行为分析综合了起来。而《现代三大经济理论体系的比较与综合》一书则提出了另一个尝试，也就是用马克思的经济学理论体系，把经济学中对供给方的分析，即从劳动的贡献到“资本有机构成”理论中的技术进步动态过程，与新古典理论、凯恩斯理论中的静态分析综合起来，我称之为“马克思主义新综合”。

提出这样一个方案，实际上也是一种尝试。我们发展中国家的经济学者，更能理解马克思分析的资本主义经济早期的经济理论，比如，工资是“必要劳动”，也就是生存工资（给定不变的最低生活费用），以及以此为基础的剩余价值理论和收入差距理论——有“剩余”才会有储蓄、有投资，有资本积累才会有经济增长，但与此同时，收入差距拉大。这些在现代有些被人遗忘了的理论，正是可以直接被用来分析我们发展阶段上许多经济现实的理论，所以我们这些发展中国家的经济学者，反倒觉得它们更熟悉与亲切。

新古典主义在理论结构上作为一个“封闭的”体系的基本特征，也就是在假定各种经济“外定条件”（现在事实上已经将它们归纳概括为三方面的条件：物质技术条件、社会关系条件和主观信息知识条件）为一定的前提下，研究各种经济变量之间的关系；而各种背景条件本身却是孤立的、不变的，若发生变化也是外生的，与经济运行过程本身无关，相互之间也不存在内在的联系。

凯恩斯主义在理论结构方面的特点是着重分析了一个外定条件，即信息预期的不完全、不确定对整个体系运行的决定作用（后凯恩斯主义还分析了一些社会制度因素，如分配关系等），而预期不确定这个事实本身也是外生的。因此，它虽然因这种分析推翻了传统经济学的许多理论命题而自成体系，但在基本理论分析结构上与传统的新古典主义并无多大差别。

与此相区别，马克思主义理论分析结构的一个突出特点就是它的开放性：作为新古典主义体系外定条件的一切主要经济因素在马克思主义体系内都具有内生性。它不仅分析了各种经济变量之间的关系，也分析了外定条件的变化规律和它们之间的相互关系（如技术进步与生产关系之间的关系和变化规律等），同时还包括了对经济变量和外定条件变化之间关系的分析。

这样，从总体上看，摆在面前的是两个有着显著差异的理论结构，一个是正统经济学的“封闭的体系”——它分析的是被封闭在给定的外定条件之内的经济运行；另一个是马克思主义的“开放的体系”——在这个体系中，一切都是可变的，没有封闭着的界限。一般来说，对一个封闭的理论体系较容易进行严格、精密的分析，而一个开放的体系则较难把握，尽管它更接近现实。因此，正统经济学已经率先使其理论在分析方法和精密程度上达到了较高的水平，而马克思主义理论的一些内容在目前甚至还没有确立严格的数量分析方法。但是，在理论结构的宽广程度和发展前途上，马克思主义显然有着无可置疑的优越性。新古典主义把经济的几乎所有基本因素都假定为不变的外定条件，在一定意义上不过是宣告对这些最重要的东西"无可奉告"。比如关于决定收入分配的"禀赋"的分配，新古典主义在任何场合都视其为既定的前提，相对于每一种"禀赋"的分配，都可以确定一个"帕累托最优"；有人指出，这不过是表明了关于收入分配这个问题，经济学家说不出任何东西，因为决定任何初始收入分配的是历史而不是经济学。

经济学（这里指现代西方正统经济学）的全部传统做法是不断排除外生因素，把这些因素只作为已知的，并且不断加强内生分析与精密观察。精神活动致力于建立逻辑的（以及常常是数学的）模式，以谋求完全人为的和相互毫无联系的某种体系的最优化，这是一种异想天开的精神活动，而所有这些体系都是建立在几个毫无关联的假设之上的。从理论发展的全过程来看，我们并不认为这种特点就能否认新古典主义理论的科学价值，马克思主义者也应该学习新古典主义理论家的那种力求形式完美、结构严密的"精神活动"。但是，就如今的整个理论结构而论，新古典主义虽然看上去洋洋大观，其容量实际却是相当狭窄的。相对于开放的马克思主义体系来说，它实际显得不过是一个被“暂时封闭”的，因而在分析上较为成熟的局部（就理论的整体与局部的关系而论，这有点类似于牛顿力学与初创时期爱因斯坦物理学的关系）。

在理论分析（为什么可以综合以及如何综合）的基础上，我尝试在具体的理论层面，对三大理论进行了新综合。这包括对马克思著名的劳动价值论提出突破性的见解：马克思主义强调从社会关系考察价值，提出劳动价值论，但片面地将交换价值仅仅理解为价值的表现形式（价值形式），而忽视了它作为使用价值表现形式的意义。边际效用学派（新古典主义）着重从物质方面考察经济，重视使用价值研究，提出较完整的使用价值理论，即效用理论。这两者都有着片面性，当然也都有科学性。我在这里将两者的考察进行了新的综合，提出了价值–价格理论。在价格分析中的供给与需求，只是表面层次的概念，而背后更基础的概念是“抽象使用价值”（效用的概念）和“抽象劳动”（价值的概念）。

《现代三大经济理论体系的比较与综合》在一定意义上可以说是我对过去十年学习与研究经济学基础理论和各种常见学说的一次总结与“清理”。当时中国经济学界还是纠结于如何“批判与利用”西方经济学的问题，我也要把这个问题搞清楚，这样今后就不用每遇到一个具体问题都要回到基础理论层面上去讨论一番。把基础理论层面的事情搞清楚了，我们就可以“轻装上阵”，应用适当的经济学理论去研究与分析当前的各种经济问题了。

二 “苏联范式”批判

《现代三大经济理论体系的比较与综合》的理论准备以及看待西方经济学的新视角，为接下来提出经济学研究范式的转换奠定了基础。经济学研究范式转换的标志是《“苏联范式”批判》[①]的发表。

《“苏联范式”批判》一文发表于1995年，但实际上写于1988—1989年，是于光远主编的《中国理论经济学史：1949—1989》中的一节（当然是删去了几乎所有“理论史”所必需的引文与索引）。应该说，这也是我访学回国后开始发表的第一批文章中的一篇，与《论公有制经济中各种利益目标、利益矛盾和经济行为》和《灰市场理论》不同的是，这篇文章更直接地具有“基础理论清理”的性质，在一定意义上与我的博士论文《现代三大经济理论体系的比较与综合》属于同一类，都是想在中国的经济理论研究中，确立现代经济学作为大家共同使用的理论范式的地位，也便于我自己在对经济问题进行分析时，不必不断地因回顾许多基础理论和基本方法上的问题而受到干扰——我想做的是，无论别人怎么说，我自己都要先把问题搞清楚，并将我的观点公开发表出来，从此以后，除非实在必要，否则我就走我自己的路，而不必再去在一些已经没有必要多做争论的问题上浪费工夫。

① 樊纲：《“苏联范式”批判》，《经济研究》1995年第10期。

要实现这一目的，自然就要做两个方面的工作：一方面，说明我们为什么要以现代经济学为研究的范式，并且要说明这一体系是如何发展起来的，马克思的经济理论与现代经济学体制的关系是什么，即所谓“西方经济学与马克思主义经济学”的关系究竟如何（毕竟这在当时是长期困扰中国经济学界的一个问题）；另一方面，就是要批判那个由斯大林“钦定”的“苏联政治经济学教科书体系”，要向我们的国人说明这个范式为什么根本不能解决我们所面临的经济问题，或者这根本就不是经济学，与马克思当年的经济理论在科学精神的意义上毫无共同之处。前一方面的努力体现在《现代三大经济理论体系的比较与综合》中，后一方面的努力则体现在《“苏联范式”批判》中。

《“苏联范式”批判》一文写成之后，我没有马上发表，一是想等全书出版之后再发表，二是觉得当时发表，条件还不是很成熟。1995年《“苏联范式”批判》发表后，总的说来受到了理论界的欢迎与认可，当然也可以想象，仍然引起了批判与争议，这也是预料之中的。引起了批判与争议这件事本身就是好事，科学一定是在各种批判中发展的。值得欣慰的是，十几年来，中国的经济学的研究与教学，已在事实上初步实现了“范式的转换”，尽管新范式的基础还不是很扎实，运用起来还不是很成熟，但假以时日，中国的经济学研究在此基础上一定会有更快的发展。

本书无法收录《现代三大经济理论体系的比较与综合》中的一些章节，但还是想在此提及一个有关的问题，也做一点“导读”这本书的事情。在《现代三大经济理论体系的比较与综合》这本书中，我是想以理论比较的方式，表明历史上经济学的各种学派，事实上已经以其特有的贡献，融入了现代经济的整个体系之中，包括马克思主义经济学、新古典经济学和凯恩斯主义经济学。它们在最初出现的时候，当然是有差异的，有时是针锋相对的，且正是以这种对立的方式为整个经济学做出了贡献，但是在理论发展的历史过程中，后人已经将科学有用的成分融入了发展中的理论体系之中，那些历史上的争论也因起到了启发人们思考的作用而成为理论发展史的一部分。古典理论是这样，马克思的理论也是这样。而后人当然还会继续沿着前人的一些独特的思维方式开发新的理论要素，还会继续以强调经济体系中的某些特殊因素为基础来发展理论，由此还会继续存在一些现代的流派，如新马克思主义经济学、新凯恩斯主义经济学、新的古典经济学，等等。但是，它们的共同的基本范式，是现代经济学，它们只是现代经济学体系内的一些不同的理论派别，而不是不同的经济学。所以，在我看来，理论总是不断地综合着的，又是不断地分裂着和争论着的，我们每一位新一代的经济学者，都可以在诸多理论要素中选择我们的重点，可以采取我们的“学派立场”，比如，我相信马克思当年提出的一些理论，还没有在新的经济发展阶段得以充分阐发，仍可以作为进一步发展现代经济学的基础，但是，千万不能认为我们可以另起炉灶，置人类共同发展起来的现代经济学体系于不顾，搞出我们自己的另一种经济学——我们能在某些特殊理论基础上发展的，不是别的，正是我们人类的共同的经济学。我们过去是因为与世隔绝才变得无知，因为无知才会有人井底之蛙地认为我们可以不要现代经济学，或者我们可以另起一个炉灶。现在我们已经不再无知了，也就再也不能那样狂妄了。

传统的社会主义经济理论［可以以苏联20世纪50年代的《政治经济学教科书》（社会主义部分）为代表］，长期以来一直是正统的社会主义经济学教科书的“范本”——尽管其中的某些具体提法已有了很大的改变。它名义上是马克思主义的，但实际上与马克思主义经济学很少有共同之处：它名义上主要研究社会主义的生产关系，却并不是实证性地分析社会主义经济条件下事实上存在的生产关系究竟是什么，而只是根据某些理论假定（公有制、“同志式相互协作”、按劳分配等）推论出生产关系应该是什么；在“同志式相互协作”的前提假定下，经济中是不存在内在的利益矛盾的，在经济运行过程中，在经济变量（这里指的是计划指标、利润率、补贴率等）的决定过程中，经济利益矛盾也不起任何作用；在“最大限度地满足人们的文化和物质需要”的统一经济目的（基本经济规律）的支配下，在被假定为正确地反映了生产条件和社会需要、正确地预见未来变化的集中的（而不是无政府的）经济计划下，整个经济“综合平衡”，“合理分配”，万事和谐；一切不和谐的现象，都是“错误的行为”导致的，而不是生产关系、利益关系或制度本身内在地产生的问题，经济本身的“内在规律”是完美和谐的。

由此不难得出结论，这样的理论体系，更接近于新古典主义，而不是马克思主义，因为马克思主义经济学特别注重实事求是地（理论实证地）从人与人的经济关系、利益矛盾来研究经济活动，说明经济规律和经济变量的决定因素，而且特别注重经济中矛盾的运动和发展。在社会主义条件下，经济的内在利益矛盾具有了不同的性质，但仍然存在，仍是经济运动的内在动因，否定了这一点，便否定了马克思主义的一条最基本的普遍真理。研究经济关系而不研究利益矛盾，不从利益矛盾出发展开各种经济范畴，便从根本上否定了马克思主义的科学方法。然而，当传统的社会主义经济理论认为社会主义经济中不存在利益冲突，社会生产的目标就是满足物质需要时，这一理论又不像新古典主义理论那样认真地研究人与物质使用价值之间的关系，它不研究社会需要的结构和各种使用价值之间的关系，不研究人们的消费需要偏好在经济运行过程中所起的作用，不研究生产供给如何与社会需要相适应，而是认为这些问题根本无须研究，甚至不是经济学的研究对象，在经济理论中从来没有占据过重要的位置，更没有在理论中起过实际作用；计划理论只是研究如何使物质资源的配置和产品分配“平衡”的问题，而社会需要的规模和结构，事实上总是被任意地规定并被假定为正确。同时，尽管传统的理论突出地强调了公有制计划经济作为一种“自觉的”、由“事前的”计划管理的经济的优越性，却从不像凯恩斯主义那样认真研究信息、知识、对未来的预期等因素在经济过程中的重要作用，认识不到越是集中的计划经济对信息完全性的要求就越高，信息不完全、知识不充分，在集中计划经济下往往会比分散的市场经济所造成的损失更大、波动更大；也不能在理论上科学地分析长官意志、官僚主义、主观盲目、“一哄而起”等对经济效率的危害。

当社会主义经济中存在的问题逐步被认识到，传统理论的缺陷和“无能”也逐步被认识到以后，许多人便认为问题在于马克思主义经济学无用，于是将眼光转向西方的其他经济理论。正如上面两段所述，社会主义经济学的确需要向西方经济学学习许多东西。但是，由于对我们面临的问题的性质缺乏了解，对各种经济理论及其相互关系缺乏正确的认识，新的“风马牛不相及”的问题又出现在经济理论界：许多人不能认识到，新古典主义和凯恩斯主义经济学，由其研究角度的特点所决定，恰恰不适合用来处理我们所面临的许多重要的经济问题。目前，无论在说明现实经济问题，还是在研究经济改革目标和方法的过程中，我们恰恰首先都需要求助于真正的马克思主义理论的精神实质，从社会生产关系与生产力的矛盾，从社会经济关系的角度，从经济利益矛盾及其作用当中，发展适合处理我们所面临的问题的理论；并且，只有以此为前提，正确地说明经济关系的背景，说明利益矛盾在经济运行、经济变量决定过程中的作用，我们才有可能运用其他各种理论的成果，科学地研究如何实现资源合理配置、如何制定可行的经济政策以管理经济等问题。

前面的分析指出，面对中国经济现实所提出的问题，我们首先要做的就是引进、学习、掌握、吸收各种经济学理论的科学成果，搞清楚它们的精神实质、理论特点，说明它们之间的相互关系，形成一种新的理论综合，然后在此基础上，加上我们自己的新的创造，最终建立起能够真正说明我们经济现实的运行过程和各种经济现象、能够指导我们的经济实践的新的基础理论体系。不过，要利用各种经济理论建立适合我们需要的理论体系，并不是说要建立或者能够建立什么有别于一般经济理论的“中国式的经济学”。

科学本身是没有国界的，能够说明一个国家的特殊经济问题的理论，不过是一般经济理论的一种特殊应用，而不构成特殊的经济学。这里讨论的是理论新综合对于我们当前的特殊的现实意义，因此这里要说明我们当前的特殊需要。但是，第一，理论新综合的意义绝不仅限于此；第二，只有建立起了科学的一般理论，才能最终科学地说明特殊的问题。我们要特别警惕那种借口“国情特殊”而否认科学的普遍意义、拒绝学习和利用人类已经发展起来的一切科学成果的错误观点和错误做法。这种观点和做法，长期以来已经对科学理论的发展造成了严重的阻碍，因此现在应该特别强调科学的普遍意义。

肆

转轨经济学与改革政策

一 首先发展非国有经济

1992年前后，我在报刊上发表了一系列文章，建议在国有企业改革很难推进的情况下，先着力发展非国有经济，为今后改革国有经济创造必要的条件。

改革开放最初十多年的时间内，在我国的国有经济的旁边或周围（或缝隙中），已经成长起了一块具有相当规模的非国有经济，也就是乡镇企业、城镇集体经济（从工业总产值上看，这两部分占非国有经济的90%以上）、非国有的高科技公司、三资企业以及私营企业和个体经济，等等。到了1991年，这些以集体经济为主体的非国有经济，在工业总产值中所占的比重已增加到47%以上，在社会总产值中所占的比重已接近30%。非国有经济的快速发展，以及这种发展所进一步暴露出的国有经济部门存在的问题，使国有经济的改革显得更加紧迫。于是，许多学者和经济工作者便认为当时和之后一段时期内的主要任务就是集中力量“主攻”国有经济部门的改革，而非国有经济既然目前发展状况相对来说比较健康，不构成“紧迫的问题”，不做什么体制改革和政策调整自己也能发展，似乎只要提倡一下技术升级改造，提高规模效益，让其继续按目前的速度发展下去就可以了，不必在改革和发展的战略上给予其更大的重视，无须将其提高到更重要的战略位置。

但是，这种观点忽视了两个方面的重要问题：

一是我们整个经济改革事业所面临的“时间约束”。要想在保持社会稳定和收入增长的前提下实现整个社会经济体制的转轨，就必须在不太长的时间内，也就是在我们当时所具备的各种有利的内部和外部条件消失之前，形成较为完整的市场机制的基本框架，使我们的经济在市场的基础上进入良性循环的轨道。而国有经济的改革，是一项十分复杂的社会工程，搞快了很可能激化社会矛盾，从而违背我们在社会稳定前提下完成改革的愿望，搞慢了虽可以维持眼前的稳定，却又达不到尽快实现体制转轨、把经济尽快搞上去的目的，错过了有利的时机，社会矛盾激化的可能性会逐步增大，将来所需付出的改革成本也会大大增加，在社会稳定和收入增长条件下实现体制转轨的愿望也会落空。

二是国有经济改革本身对非国有经济发展的依赖。事实已经证明，如果没有一定规模的非国有经济的发展并以此来为国有经济的改革创造出一系列的外部条件，搞国有经济改革的难度要大得多，甚至很难搞得动；而如果非国有经济发展起来了，许多改革的难题解决起来就会容易得多，甚至会自然而然地得到解决。

因此，在我看来，当时正确的战略选择应该是，在逐步而稳妥地推进国有经济改革的同时，在当前及今后一段时期内，更加积极、主动地采取各种必要的体制改革措施和政策措施，进一步加快发展各种类型的非国有经济，把发展非国有经济（以及相应地发展资本市场和劳动力市场），提高到更加重要的战略地位，并以此带动和推动整个改革事业的前进，也为国有经济改革取得最终成功创造必要的和更有利的外部条件。

我们已有的理论分析和实践经验都表明，非国有经济的发展，可以在许多方面为国有经济的改革提供必要的外部条件，争取到更多的时间。概括起来说，有以下三个主要的方面。

第一，提供“经济补偿”，缓解利益矛盾。要想减小改革的阻力，一个基本的办法就是对既得利益受损失的人尽可能地进行一些补偿。这种补偿可分为两种：一种是“收入补偿”；另一种可称为“机会补偿”，即为人们提供新的获利机会，使其在脱离旧体制之后能在新体制下找到发挥自己作用和获得经济收入的新的职位。收入补偿的前提是有新增收入，机会补偿的前提是有新的机会，这些都有赖于经济的持续增长，有赖于国民收入的不断提高和国家财政状况的改善。而非国有经济的发展，正可起到在国有经济改革时保持国民经济持续增长势头、增加财政收入、提供新的就业机会的作用。一方面，可以将非国有经济的发展所带来的新增国民收入的一部分，用来作为体制改革所需要的补偿资金；另一方面，只要从旧体制中转移出来的职工能在非国有经济中找到新的甚至是收入更高的职位，人们就可以用新体制下的收入自动地补偿旧体制的改革给他们造成的损失。总之，非国有经济的进一步发展，可以使我们完全依靠自己经济中新成长起来的经济成分所提供的新增国民收入，支付必要的改革成本，避免社会动荡，实现旧体制向新体制的平稳过渡。非国有经济发展得越快，提供的国民收入增量越大，新增就业机会越多，国有经济的改革速度就可以越快。

第二，提供“市场环境”，即为搞好国有企业提供一个竞争性市场的外部环境。不少中外学者都曾援引西方国家一些国有大企业的例子，来证明国有企业是能够做到高效率的。但被忽视的一个事实是，这些国有企业是在市场经济的环境中，是在与大量非国有企业的激烈竞争中从事经营活动的。在这种条件下，一方面，市场价格（包括资本价格）能够较为真实地反映经济效率，从而使人们能较容易做到对资本效率和经营效率的客观评价，使得国有企业无法为自己的经营效率低下而找外部理由进行开脱，便于国家和公众对其进行监督；另一方面，非国有企业的竞争，能使国有企业经常处于不进取就要被挤垮的环境中，逼得国有企业必须不断提高效率、改善经营。我们这些年的发展经验也表明，正是由于非国有经济的崛起，竞争性市场逐步形成，国有企业面临的竞争越来越激烈，一方面把国有企业越来越深地“卷入”了市场，另一方面也在两相对照中，使得国有企业的问题暴露得越来越明显，改革的必要性、紧迫性也越来越被人们所认识。另外，非国有经济的发展，还可使资本市场和劳动力市场相应地发展起来，为生产要素，包括国有经济中的各种生产要素在全社会范围内合理流动，创造出必要的条件。

第三，提供“行为示范”。非国有经济的发展，能在许多方面逐步影响人们的行为方式、传统观念和社会习惯，使得在旧体制中生活的人能在潜移默化中学会如何适应新体制，以新的方式工作和生活。体制改革的阻力，当然主要来自对利益（多方面的利益）的考虑，但同时也来自传统的习惯和既有观念，也就是制度经济学中所说的“无形的制度”。破除“有形的制度”（法律、规章、组织结构、官僚体系等）往往还不是很难，要改革“无形的制度”却需要花更长的时间、费更大的力气。我们的许多改革方案，设计得很好，似乎也很全面，注意到了“配套”的问题，但一实行还是会出现“走样”的问题。这往往就是无形的制度在起作用。企业破产法制定容易，真正破产却不容易，因为企业之间的“吃大锅饭”，已经作为一个根深蒂固的不成文的法则，阻碍着国有企业破产的实施。在这个问题上，非国有经济的发展就有助于人们破除那个法则，因为它的发展为人们提供了“只有该死的死了，该活的才能更活”的示范。

在发展非国有经济的问题上，我们必须有一个长远的战略眼光。那时，发展非国有经济也许并不能直接解决我们眼前的一些突出问题，但从长远看，它却有助于我们解决经济和社会中的一些深层次的矛盾。

二　改革的动态过程

以发展非国有经济来带动整个改革进程的思想，后来发展成一个对渐进式改革进行理论描述的模型，即《论体制转轨的动态过程——非国有部门的成长与国有部门的改革》[①]。

《论体制转轨的动态过程——非国有部门的成长与国有部门的改革》一文，应该说是我的一篇比较完整的，甚至可以说是比较标准的转轨经济学的理论分析文章，是对渐进改

① 樊纲：《论体制转轨的动态过程——非国有部门的成长与国有部门的改革》，《经济研究》2000年第1期。全文见本书附录。

革过程的理论描述和数理模型化。

转轨经济学或过渡经济学在“制度转轨”上当然是有特指的，即从计划经济向市场经济的转轨或过渡。但是无论如何，在制度A和制度B的关系中，转轨经济学原则上不研究制度A是怎样的，也不研究制度B是怎样的，只是假定制度B比制度A要好，从而要从制度A转轨到制度B，所以转轨经济学研究的是转轨过程本身的各种问题，是那个过程本身。《论体制转轨的动态过程——非国有部门的成长与国有部门的改革》就是要分析这一转轨过程，并且是它的动态过程——它的前一时期的变化会对下一时期产生怎样的影响，会使下一时期的变化具有怎样的方向与特点。

相比之下，中国经济体制改革的特点在于：第一，在改革之初，改革的目标与方向并不十分清楚；第二，改革是以渐进的方式进行的，是逐步展开的；第三，这种渐进式改革的特点又在于，在开始的阶段，体制改革以发展新的体制为主，旧体制没有改革，继续保留在那里，以照顾既得利益（比如“新人新办法、老人老办法”，国有企业迟迟没改，等等）。我的这篇文章用一个简单的模型论证了只要这种增量改革持续下去，从理论上说是能够实现最终的体制转轨的。转轨过程当然可能发生“逆转”，而从此文提供的理论模型中，我们可以清晰地看到逆转发生的根本原因就是社会（通过政府政策）对旧体制进行了太多的“补贴”，减少这种转移支付，就可以确保体制转轨的最终实现。这篇文章还分析了前一时期新体制的成长所导致的经济结构的改变，会使下一时期的改革产生新的动力，而不仅是产生所谓的新的既得利益，所以只要改革不断持续进行下去，并导致经济结构朝着正确的方向发生转变，体制转轨最终就是能够实现的。应该说，分析这一理论模型所得出的各种结论，正在被中国经济体制改革的实践所证明。

我认为，这篇论文的“理论美”在于两点：

第一，数理模型的简单性——它甚至没有用到微积分，只是用了极值的原理，通过一两个部门的模型，以不同体制增长率（效率）的差异为基本分析变量，就将有关体制转轨动态过程的主要原理全部分析了出来。这个过程也可以用微积分的方法进行分析，但是我特别喜欢求极值公式中的那些“箭头”。我们是在研究一个动态转轨的过程，朝哪里转，是不是会逆转，都是数理模型要表达的重要问题，而这些“箭头”可以让人们直观地看到理论所要表达的观点。

第二，理论模型的概括能力和一般适用性。这样一个简单的数理模型，可以应用于描述转轨过程的各种特殊情况：新旧体制的冲突，“不改革只转轨”的所谓“简单转轨”，改革国有企业的必要性，“观念转变”或“政策转变”的现实基础，改革停滞甚至逆转的可能性，等等。以最简单的假设为起点，一步一步放松这些假设，引入新的因素，就可以将模型应用于更多的场景。这可以充分表明理论模型的一般性。

这里需要讨论一下的是关于数理方法在经济学分析中的应用。在我看来，那种否定数理方法重要性的观点是不正确的，经济学理论的抽象性和数量性要求我们运用数学的工具以保证思维的清晰性与概括性。过于复杂的数学分析，也许在一些技术细节上是必要的，但在基本经济关系的分析和基本理论框架的构建过程中，如何找到一种简单明了的数学模型以准确而简明地提出问题与分析问题，不使理论的要点被淹没在数学方程之中，对于理论的发展也是非常重要的。从理论与实践的关系而言，如何使理论便于非专业人士理解、把握从而应用，也是我们理论家们应该考虑的问题。因此，我们总是应该去寻找能说清问题的最为简捷的数理工具，而不仅是比拼谁的数学方法更为艰深。

经济理论是对现实经济行为和经济关系的概括与抽象，不断去发现新的现象并将其理论化，其实就是我们经济学者的任务。体制改革是一个丰富的实践过程，一定会产生一系列过去没有发生过的新的现象，及时地将这当中的经济关系概括出来，形成一些抽象从而容易把握的原理，用于预测下一阶段改革实践的发展方向和实践结果，用于指导改革政策的制定，即使不将其说成经济学者的历史使命，至少也使经济学的研究变得有趣且有益。

三 改革与利益矛盾

1991年，我发表了第一篇关于体制改革的理论文章——《论改革过程——体制转轨的基本理论问题：改革及其阻力》，最初发表于《改革、开放与增长：〈中国经济论坛〉1990年学术论文集》[①]，由于不是首先发表在学术期刊上，

① 《中国经济论坛》编委会：《改革、开放与增长：〈中国经济论坛〉1990年学术论文集》，上海三联书店，1991。

读过的人较少，但我认为这篇文章记录了我关于体制改革问题的最基础的思考。

20世纪80年代至90年代，我们在社会上经常听到有人提出这样的问题："既然已经知道某些现行体制仍是缺乏效率的，为什么中国政府还不采取措施进行改革？"或者"既然政府知道问题所在，为什么不强制性地进行改革？"

但问题在于：政府的行为与政策又是如何决定的？政府有没有这样的能力采取措施进行强制性的改革？这些问题的提出反映出当时的人们仍然没有理解改革过程中与政府行为背后存在的各种利益冲突，没有认识到体制改革（也同任何其他经济事务一样）是一个充满利益矛盾与利益冲突的过程，正是这些利益冲突决定着改革所能取得的进展，它所面临的困难决定着政府有关改革的各种政策。

举例来说，我国当时关于国有企业的改革进展缓慢，许多人（包括许多经济学家）抱怨颇多，总是认为既然大家都知道国有企业这种体制缺乏效率，就应该马上改革，否则就是政策失误。这些人还是没有认识到，国有企业改革不是一件在理论上论证了该不该搞就能搞成的事，而是一件关系到那时的一亿多国家职工利益的重大事情。这是一个巨大的利益集团——按人口算不是最大的，按重要性和能量算却无疑是我国最大的利益集团。如果这个集团的利益在国有企业改革过程中要受到暂时的或永久性的损害，如果这个集团中的人们拒绝和反对进行不利于他们的改革（不一定是集团作为整体采取行动，但可能是每一个人单独采取行动），我们又怎么能够期望国有企业改革迅速取得很大进展？

对利益冲突缺乏理解，还会使冲突本身加剧。人们通常是从自己的利益出发来思考问题的，因而往往没有意识到其他人的利益与自己的利益是不同的；人们总是抱怨别人与自己的要求、认识不一样，抱怨他们不改革或反对改革，却不能认识到，他们也和你一样，在维护和追求自己的利益，只不过，从他们在社会经济中所处的特殊地位出发，他们与你具有不同的特殊利益。他们反对一项改革与你赞成一项改革同样出于一种理由，即追求自己的利益最大化，而你也不能轻易地声称自己的利益就等于全体人民的利益，更无权声称代表着另一些利益集团的利益（无论是短期利益还是长期利益）。如果我们都能认识到这种利益的差异并尊重他人追求自身利益的权利，改革过程中的冲突可能会缓和一些，因为这时人们会把更多的精力放在与别人协商以便找到更可行的出路上，而不是放在相互攻击和阻挠改革上。

从历史发展的必然趋势来说，阻力总要被打破，改革总要发生（否则也就不会有真正意义上的阻力）。理论上的任务就是要在认识客观规律的基础上，探讨如何尽早打破僵局，避免发生巨大动荡，减少为改革所必须付出的代价。正如前面所指出的，所谓体制或制度，就是协调和维持人与人利益关系的一种行为规则，是社会上资源配置和收入分配的一种机制；体制改革则是改变这种行为规则，实际上就是要改变人与人之间的利益分配关系。改革之所以难，最重要的一点就在于改革过程中并不是人人都能受益或同等程度地受益（人人同等程度地受益，利益关系也就没有发生改变），有些人甚至会遭受损失或暂时遭受损失。正因如此，那些没有受益或受益较少或遭受损失的人就或多或少地具有抵制或反对改革的动机，形成对改革的阻力，改革之难也正难在这里。而改革方式或改革方案的选择，不同改革方案的可接受性，又都是与改革所引起的利益冲突、与这些改革所遇到的种种阻力的大小密切相关的。不少设计者的改革方案十分完美、理想，但唯一的缺陷就是没有把人们对改革的反对、既得利益集团的阻挠以及由此造成的经济损失当作理论模型中的一个重要的变数，使得这样的改革方案因不能被社会所接受而无法实施。

我在开始研究改革问题的时候，就注意到了这个问题，写成了《非帕累托改变：既得利益与改革阻力》[①]一文。这是我最初写成的有关转轨经济学理论的文章，也是迄今为止我对体制改革过程的理解的基础。

在最初写成的这篇文章中，有关“改革成本”“改革阻力”——包括“相对阻力”与“绝对阻力”等一系列概念，已经被提出了。在开始的时候，两种分析方法或者说两种思考问题的角度，在一篇文章中同时出现。一种可以说是“社会计划者”角度，以古典福利经济学的分析方法为基础，把社会设想为一个整体，社会要改革，要付出成本代价，于是社会计划者对“社会福利函数”进行成本最小化或福利最大化的分析，决定如何改革，分几步走，等等。另一种角度则可

① 原文标题为《论改革过程——转轨经济学的基本问题：改革及其“阻力”》，原载于论文集《中国经济的改革与发展》，陈昕主编，上海三联书店1992年出版。后改写，被收录于上海远东出版社1996年出版的《渐进改革的政治经济学分析》一书。

以说是用政治经济学思考问题的方法：社会是由不同的利益集团构成的，制度或政策这种“公共物品”的每一个变化，对于不同的利益集团的意义是不同的，有的利益集团受益，有的利益集团受损。后来的进一步研究使我的思路逐渐清晰，在体制改革的过程中，不能说完全不存在所谓的社会共同利益，但是在改革过程中的每一步改革上起作用的，主要就是各种利益冲突。因此，在将这篇文章收录到《渐进改革的政治经济学分析》一书的时候，我完全放弃了社会计划者的分析结构，把思路统一到政治经济学的分析框架中来。

古典福利经济学和新福利经济学的主要差别在于：古典福利经济学以“效用可以通约”的所谓“基数效用”理论为基础，也就是假定不同的人的效用或福利是可以相互比较的，至少是可以通过某种量纲的通约而加总，从而有所谓的社会福利最大化的概念。新福利经济学则以帕累托所提出的个人偏好理论为基础，认为不同的人由于价值判断的标准不同，效用是不可通约、不可比较、不可加总的，对社会状况是否变好或变坏加以判断的唯一办法是用帕累托最优的标准——即不使至少一个人情况变坏就不能使另一些人的情况变好——来看一下是否出现所谓的“帕累托改进”，即是不是在没有使一个人情况变坏的前提下使另外至少一个人的情况变好。而一旦进行政治经济学有关人与人之间利益冲突的分析，我们就可以发现，在现实世界中的多数情况下，一项社会变革，总会使一些人的既得利益受到影响或损害，所以不仅无法用古典福利经济学的方法对不同的人的利益加以比较，而且也很难用帕累托改进的标准，对体制改革的许多问题加以分析——要满足这个标准，大概我们一项改革也不能做了。阿罗的“不可能性定理”，其实也是对这一基本问题的一种论证。所以，对于改革来说，甚至对于政治经济学所分析的公共物品供给这个一般性的问题而言，最基本的概念是“非帕累托改变”。我提出这个概念，当然只是对一系列现实情况的一种概括，并没有因此而提出什么新的分析方法，但是要借此表明体制改革的问题与我们在其他经济学分析中所通常面对的问题的差异，表明政治经济学与一般经济学分析框架的差异。

分析方法的统一在理论分析中的重要性在于，它可以使思考走向“片面的深入”道路，没有这种深入，理论就不能发展。这就是说，其实在一定的范围内，不同的方法都有一定的价值，采用了这一方法（an approach，而不是 the approach），不等于完全否定其他的方法，只不过不同的理论家可以沿不同的思维路线将研究深入进行下去，从不同的角度来丰富人们对现实世界的认识。而对于一个理论家来说，沿着一种思路展开分析，不仅可以使自己的理论逐步走向深入，而且能使自己的著作完整，更具有清晰的思路，更具有可读性。

也正是在这个意义上，那种认为只有自己的分析方法才是唯一正确的分析方法的想法，是错误的、“偏激”的。只要不同的方法能提供对同一分析对象的更多的认识，那些方法的存在就是有价值的。

四 国企改革中的“资产流失”

国企改革、产权重组、出售企业（资产）、搞混合所有制、搞股份制，等等，在21世纪之初已经被大家接受了，也有了一些政策。但是，反对意见还在，有旧的反对意见，也出现了一些新的反对意见。比如有的人说，当时买卖资产不再有观念上的障碍，但实际障碍仍无法逾越。许多国有企业有那么多职工、那么多债务，想卖都卖不出去。所以结论是，靠产权重组来改革国有企业，理论上大概是对的，但在现实中还是行不通。还有一种反对意见就是，资产重组可能会导致“资产流失”，因此搞不得。

国有资产流失的问题，一直影响着改革的进程，所以我当时就想通过经济学的理论分析，澄清一些混乱的概念，于是写成了《资产定价与“资产流失”》[①]等文章。它们分析了以下问题。

1. 资产定价：天下没有卖不出去的东西

说资产卖不出去，逻辑上似是而非，因为从经济学的基本道理上说，天下没有卖不出去的东西，只有定价不对的东西。我们是否想过，卖不出去的东西是否要价太高了？

这里的问题首先在于如何认识“资本的市场价值”。资本的本质在于它可以生利，在于它给资本所有者所带来的未

① 樊纲：《资产定价与“资产流失”》，《改革与理论》2001年第9期。

来收益。因此，资本的市场价值，不是它的“账面价值”，甚至不是实物资产的“重置价格”，而说到底，是未来时期内（可以假定无限时期内）预期收益（当前形成的预期）折现值的总和。100万元建的一个企业，利润丰厚，其资本的价值可以是100亿元；而100亿元建的厂，若已不能盈利，可能只值100万元（可能就等于清偿拍卖后的残值），这时你若定价100亿元，当然卖不出去。如果一个企业已经亏损，还有一大堆欠债，或者还有一大批工人无法安置，其市场价值可能还是“负的”，这时，你还要按账面资产价值卖，还想从中捞一笔，当然不会有人买，除非政府强令另一个国有企业“接收”，但那显然已不是我们这里谈论的买卖关系。

2. 对资本未来收益的预期与“资本流失”

资本价值这个概念之所以重要，还因为它直接涉及另一个概念——“资本流失”。经常发生的情况是，资本按照市场价值卖了出去，但由于这一成交价低于账面资产价值，便会被说成是资本流失。

要搞清楚这个问题，我们先要对上文分析的一个问题进行进一步深化，即进一步探讨在资产定价过程中起到重要作用的“对资本收益的预期”。

前面讲到资本市场价值取决于对资本未来收益的预期。但一说到预期，就涉及一个“主观的因素”——不同的人，因种种原因，包括对各种信息掌握的差别，可能对同一资产的未来收益，做出大不相同的预期。10个人或10个资产评估公司就可能做出10个不同的价值评估。这在世界各国的历史上都是有例可循的。正因如此，当我们谈论资产价值时，总会面对一个“价值区间”，公说公有理，婆说婆有理，最后只能靠市场竞价或一对一的讨价还价，才能使交易最终达成。

但问题在于，由于预期本身的差异，最后实现的那个交易价格，只要不是各种预期中的最大值（一般情况下不可能是最大值，因为有买卖双方的讨价还价），就总是可能有人说这个交易是“资本流失”，至少那个做出最大预期值的人会认为交易价值太低，发生了“资本流失”。在企业亏损，但仍要“一厢情愿”地以账面价值出售资产的情况下，就会有更多的人叫嚷“资本流失”。

对于政策制定者来说，这一分析意味着什么呢？我想我们不妨提出这样一个建议：反正总会有人叫嚷“资本流失”，还是该怎么做就怎么做最好。

3. 财富再分配与“资本流失”

如果说上面分析的主要是主观预期、信息占有等方面的因素，下面要分析的则“更实在”，那就是人们之间的利益冲突。

国有资产重组，无论是拍卖企业、兼并、合资、上市、搞股份合作制，还是破产清盘，多多少少是一种利益的重新分配。而国有资产、国有企业，由于其产权关系的特殊性，许多产权主体的利益，过去长期以来是没有明确界定过的，现在要搞资产重组，要把各种产权进行界定或重新界定清楚，显然就是一个利益的分配过程。这里的“产权”概念，不仅是指资产所有权或财产权，而是一个广义的范畴，包括工人（历代职工）、管理者（历任管理者）、上级主管部门、债权人（银行和其他债权人）和外部各种“利益相关人”的权益。即使只讲“财产权”，由于过去的企业都是在“全民所有制”招牌之下运行的，原则上说，我们社会要每一个“公民”（更不要说“上级官员”）都有一份，至少可以对其资产的处置，有“指手画脚”“说三道四”的权利。前面说到，资产怎么卖、卖什么价，已经是一件有争议的事了，而资产卖给谁、卖的收益归谁所有及如何分配，等等，就更是一件利益攸关的大事。人人都可以说自己对某一企业做出过某种贡献，而由于什么都没有事先界定过（比如以股份的形式界定），在事后就无法把“谁做出了多大一份贡献”这件事情说得清楚，要想把各种要求“摆平”，似乎是一件绝对不可能的事情。于是，就必然有人不满，比如，没有参与资本重组的老职工、老干部，或者没有分到股或低价买到股的某些人，等等，都可能因种种原因而产生不满。于是便有了层层状告“资产流失”，直到逼得中央下文件要求不得把国有资产“一卖了之”的现象。

以上几个因素的分析，表明了在一片“资产流失”的告状声中其实有许多不是真的发生了资产流失，而只不过是“误以为资本流失”或“假借资本流失”，或二者兼而有之。

但是，现实中总会存在真的资本流失，而国有资产本身的特性和弱点也恰恰使它较为容易流失。

4. 所有者努力不足

真正的资本流失在《资产定价与“资产流失”》一文

的讨论范围内可以定义为“资本按照低于它的市场价值出售”。而通过前面的分析，我们可以知道，资本是否能实现其市场价值，最终要靠市场交易过程中的讨价还价来决定。大家都对同一资产的未来收益进行预期，欲卖者要高价，欲买者叫低价，最终相互接近，达成交易，而成交价便可被视为市场价值。显然，从资产所有者的角度看，能否卖出一个较高的价格，在现实的买卖过程中需要认真、努力地通过各种方式（包括要求诸多可能的买者来进行“竞价”）为自己的最大利益而奋斗。“努力为自己所有的资产找到一个尽可能大的卖价”，实际上便构成了所谓资产所有者的一个重要的经济功能。

但是，国有资产的特点之一，就是由于国有、公有、大家有，所有者的“动机”与功能，在层层委托-代理过程中（先是由全民委托给中央政府，然后再层层委托下来直到企业中的具体经办人），逐步衰减，到了具体管理、经办国有资产的官员或经理这一层次上，所有者的功能与努力已大大衰减。问题也正出在这里，在国有资产不卖的情况下，问题是“反正不是我自己的资产，为什么要努力使其生利、增值”，大家都力图从使用国有资产中为管理者、劳动者或个人谋取利益，就是不从资产的角度出发，保卫和谋求所有者的利益。而当国有资产要卖时，问题则变成“反正不是我的资产，多卖点少卖点又怎么样”。这就是说，国有资产的特点决定了在资产价值决定的争价过程中，国有资产的所有权代表（代理人）“争价努力”较弱，最终定下的价格，也就会比其他情况下的市场价值更低。我们称此为“所有者努力不足”而引起的扭曲：买者的努力充分，但国有资产卖者的努力不够，于是自然“吃亏”。

于是，通过以上几个因素的分析，我们有了以下几种有关资本流失的可能性：因资本估价的主观性而错认为发生了资本流失，因利益冲突而指责可能并不存在的资本流失，因所有者努力不对称而发生真正意义上的“定价过低”式的资本流失，因所有者努力不足而发生个人拿好处式的资本流失。四种情况还会出现种种组合，这些可能性同时存在，就使问题更加复杂了。

5. 把问题“想开一点”

那么我们该怎么办呢？是否就应该为防止资本流失不去进行国有资产的重组呢？这里最重要的是把问题“想开一点”，把各方面的收益与成本加起来统筹考虑。卖掉了企业，政府甩掉了包袱，今后不再有补贴性支出，不再有人整天找上门来要钱、要物、要安置，不再天天发愁去解决国企内的一大堆头痛的问题；相反，企业改了制，提高了效率，增加了收入，政府还可以增加税收，而且，政府从此集中精力干自己该干的事情，包括“加强税收征管”，财税收入会有更大的增加，也可建设更多的公共设施。里里外外，减支增收，比拖下去不卖会合算得多。你可以不卖，可以撑下去或混下去，但是明天怎么办？什么时候是个头呢？

应该想到的是，我们重组资产不仅是为了“收钱”，更重要的是为了“改制”，为了改制后效益的增加。把这些问题都考虑进去，有些交易就会显得合算多了。

五　渐进与激进

多数经济学家将中国的改革视为“渐进式改革”的典型，将苏联和东欧一些国家（简称“苏东”）的改革视为“激进式改革”的典型。我的看法是[①]，分析的重点不是“应该”怎么改革，而是实证性地分析不同改革方式的特征与改革过程本身的逻辑；不是“渐进好还是激进好”的问题，不是“应该渐进还是应该激进”的问题[②]，而是：（1）什么是激进，什么是渐进。（2）在什么条件下不可避免地是激进，在什么条件下不可避免地是渐进。（3）社会以怎样的方式选择改革的道路，是由少数理论家或领导人的偏好来决定，还是由社会当前的利益均势来决定。

1. 中国“渐进式改革”的特点

给定改革在“性质”上的一些差异，我们着重研究“方式”上的不同。在这个问题上，目前存在着一些不同看法，都或多或少与如何定义“渐进式改革”与“激进式改革”相关。一种相当普遍的观点是，中国的“渐进式改革”就是“部分改革”，是“分步走”逐步展开的过程；而苏东的“激进式改革”则是“一揽子的”、“一步走的”、总体推进式的改革。

① 见樊纲《两种改革成本与两种改革方式》（载于《经济研究》1993年第1期）、《渐进与激进：制度变革的若干理论问题》（载于《经济学动态》1994年第9期）等文章。

② 关于“不同约束条件下的最优改革方式”问题的理论讨论，参见樊纲1993年、萨克斯与胡永泰1994年发表的相关文章。

在我看来，中国渐进式改革与苏东激进式改革的根本性差异在于，中国的渐进式改革的基本特征，是在旧体制因阻力较大还“改不动”的时候，先在其旁边或周围发展起新体制或新的经济成分（如市场定价机制、各种形式的非国有经济，等等），随着这部分经济成分的发展壮大、经济结构的不断变化和体制环境的不断改善，逐步改革旧体制；而苏东激进式改革的基本特征则在于，从一开始就必须（只能）对旧体制进行改革，以此为新体制的成长铺平道路。从这个意义上说，“渐进式改革”的基本含义就是“增量改革”。中国的渐进式改革是在存量改不动的时候，先通过增量改革来发展新体制，随着增量改革的积累，逐步改革整个经济的体制结构，为“存量”的最终改革创造条件；而苏东的激进式改革，则是（在增量改革缺乏条件的情况下）直接进行“存量”的改革，并以此来促进新体制增量的成长。

2. 改革的“内生性”问题

迄今，不少国内外的学者仍然有意无意地把计划经济向市场经济的过渡，看成一种由政府或少数领导人有计划地执行某种自觉的“改革战略”的结果；如果改革过程中出现了问题，则认为是政府采取了错误的“战略”或政策。有的人则认为，苏东的激进式改革是“外生的”，即是由少数改革家、领导人（乃至外国人）从上至下加以推行的；而中国的渐进式改革，虽然后来的过程是“内生的”“自下而上”逐步展开的，但“最初的几项改革”是“外生的”。这种理论同样具有误导性。

就苏东改革而论，激进式改革的“方案”，或许是由“少数人”在“上面”制定的，甚至是由一些“外国人”帮助设计的，但这样一种方案能被社会、政治家及民众所接受、所采纳，这件事本身就是“内生的”，是由当时这一特定社会的经济条件、经济形势与利益集团之间的力量对比决定的。苏东相继采取了激进式改革，采取了“休克疗法”，说到底是因为在它们国内出现了对这种改革方式的“内生的需求”。比如，正是因为20世纪90年代初东欧国家内普遍存在“立即回到欧洲去”的强烈要求，“休克疗法”才得以被采纳；正是因为苏联的旧体制在运行了70年之后已陷入了深刻的危机，渐进式改革已在政治上不可能，激进式改革方案才被提出并被多数人接受（恰恰当时渐进式改革是“内生地”不可接受的），即使面临眼前生活水平的下降，多数人也仍然在“公民投票”中支持“激进的政府”。中国的渐进式改革，同样从“最初”开始就是一种内生的过程。政府“最初的几项改革措施”，也是中国政府、领导集团对中国当时（20世纪70年代末）社会经济的内在矛盾与社会中存在的变革要求的一种反应。最明显的例子是，中国“最初的”、第一项改革措施，即农村家庭联产承包责任制，就是农民“内生地”要求的结果（包括用写“血书”的方式表达他们的要求），而不是由什么人“外生地”加以贯彻的。至于国有经济的改革，由于国有企业有“统一的所有者”，因此许多改革，特别是最初的一些改革，不可避免地表现为“由上而下下达文件”加以贯彻执行的结果，但是无论是最初的下放自主权，还是后来的企业承包制，也都是因为国有经济存在着长期未解决的问题，才“内生地”产生了改革的要求，政府的改革决策，不过是对这些问题、这些要求的一种反应方式。过去如此，今后仍会如此。

3. 渐进式改革能否转向激进式改革

就像激进式改革有其特有的缺陷一样，渐进式改革也有其特有的缺陷。它导致经济中长期存在许多扭曲和无效率的情况，使得改革旧体制的进程一再被拖延，并因此而阻碍新体制的更快成长；新旧体制在“双轨过渡”过程中的摩擦会产生新的无效率；长期存在的腐败、通货膨胀、经济不稳定等问题会加剧社会的不稳定；过渡性体制会产生新的既得利益集团，他们会成为进一步改革的新的阻力，而不是改革的动力，使进一步改革不是更容易而是更困难；等等。正因如此，在渐进式改革的过程中，会不断地有人提出加大改革力度，加快改革速度，尽快实施“全面推进”“总体突破”的要求（就像在激进式改革的过程中不断会有要求“放慢改革步伐”、稳步前进的声音一样）。但是，我们也应看到，如果渐进式改革在最初阶段取得了一定的成果并使经济有所增长的话，在这样的经济当中，反对激进改革、要求继续实行渐进式改革的力量也会有所增长，而要求激进式改革的力量必然会有所削弱。理由如下：第一，改革越有成绩、经济状况越好，人们越倾向于“稳定”，不愿“激进”。第二，渐进式改革的成功，主要依靠的是增量改革与新体制成分的成长，而新体制成分的成长，既可能成为改革旧体制的一个有利因素，也可能成为延缓旧体制改革、使全面的存量改革一拖再拖的一个条件。一个可以检验的假说是，渐进式改革越成功，新体制成分增长越快，经济增长率越高，居民的收入增长率越高，就越难以从渐进式改革转变为激进式改革。

4. 利益冲突：改革方案的“可接受性”问题

以上各种问题的分析，无论是激进式改革方案还是渐进式改革方案的“可接受性”问题，都把问题引向改革方案。经济学家经常提出的问题是什么改革方式是“最好的”，但首先应该问的是什么是“可被社会接受的”（它的一个“子问题”是什么是政府、领导层所能接受的）。这要求我们在提出一项改革方案时，认真分析这一方案对各利益集团的意义，研究当时经济中各集团的利益对比关系，研究在经济中是否有足够大的有效势力（在决策过程中没什么发言权的势力不是“有效”势力）支持一项改革，而不能一厢情愿。苏东一些激进的改革方案之所以能够被接受并加以实施，是因为在它们的那种特定的经济条件下，多数人已经没有很多既得利益需要保护，已经对旧体制失去了信心，已经不可能再损失许多东西，同一项激进的改革方案，在它们那里遇到的阻力实际上比在我们这里更小，而不是更大，所以能够被接受、被通过，而在我们这里却可能是只有人提而不会被采纳，这就是不同条件下利益格局不同的结果。

尽管如此，我们还是应该提出忠告：渐进式改革不是停滞不前、不改革，不是把那些根本性的体制改革问题无限期地推迟下去，不是不需要在必要的时候加快改革的步伐、加大改革的“力度”，更不是“用反劲”、逆经济发展的规律而动。“双轨体制”在过渡时期是不可避免的，但是如果只有“双轨”而不“过渡”，把旧的一轨长期维持下去甚至加以巩固，经济中的矛盾将会被激化，到头来改革的成本将会更大。

六 平行推进

在改革理论和政策研讨中颇为流行的“循序渐进（sequencing）”概念并不能确切地说明体制转轨过程中的各种问题，因为各种体制之间是相互依存、相互制约的，而不可能改好了一个再改下一个，否则会出现体制“不协调成本”。2005年，我发表了《“循序渐进”还是“平行推进”？——论体制转轨最优路径的理论与政策》[1]一文，提出了“平行推进”的概念。作为改革政策制定的基本思路，它可以说明为什么在体制转轨过程中，某些体制的改革“超前”和“滞后”（瓶颈）都是无效率的，在所有领域（包括政治体制和社会政策）同时积极推进改革，同时考虑各种体制之间在转轨过程当中（也就是在没有彻底完成改革之前）的相互协调，应是体制改革的基本政策方法。

全世界各体制转轨国家的改革实践，无论是渐进式改革的实践还是激进式改革的实践，以及像在转轨国家发生的金融危机与经济危机（如俄罗斯1998年的金融危机），在发展

① 樊纲、胡永泰：《“循序渐进”还是“平行推进”？——论体制转轨最优路径的理论与政策》，《经济研究》2005年第1期。

中国家发生的诸如亚洲金融危机一类的现象，都在不断地提示一个问题：制度是一个由各个“部件”所构成的整体，不同的“制度部件”之间如果是相互不协调、相互不兼容的，整个制度不仅不能有效运转，产生我们本来期望它所产生的结果，相反，还会产生混乱甚至危机。问题不在于制度A如何不好而制度B如何好，而在于如何从制度A向制度B过渡。这里的新的问题则在于，在过渡的过程中，如何使不同的制度部件之间保持一定的相互协调，避免或减少不协调所产生的成本代价，使改革过程不被危机所打断，不产生大的混乱。

匈牙利经济学家亚诺什·科尔奈最早提出了体制之间“不协调成本（incoherence cost）”的概念，而我与美国加州大学胡永泰教授合作写成的这篇论文，则进一步应用这一概念对改革动态过程中各种理论与政策问题进行了一致的分析，试图说明激进式改革可能出现的最大问题就是不同体制建立过程所需时间或阶段的差异可能导致不协调甚至危机与混乱，而渐进式改革可能发生的问题往往在于有的方面的体制改革受到忽视而产生“制度瓶颈”式的不协调。而在此分析基础上的“政策建议”，则是“平行推进”，而不是所谓的“循序渐进”。

循序渐进的概念，在亚洲金融危机发生后，在全世界的理论界和政策研究界突然流行了起来，针对的当然是国际货币基金组织之类的“国际顾问”们在过去所鼓吹的改革越激进越好、越快越好，不考虑任何体制协调关系的要求而要求市场越开放越好，比如不考虑金融市场开放对国内一系列体制的改革与发展的协调性要求就提倡金融市场的尽快开放，导致金融危机与资本外逃。但是这一概念的问题是，体制部件之间是要求相互协调与兼容的，在其他体制没有进行改革的情况下，任何一个体制自身都很难发展完善起来。所以协调性要求所有的体制部件都要同时进行改革，并在改革中力求保持相互之间一定程度的协调。这就是所谓“平行推进”理论与政策建议的主要内容。

实践家的智慧对于理论的形成具有重要的意义。这篇论文的形成其实得益于实践家的启示。在亚洲金融危机后有一次我在泰国开会，捷克共和国当时刚卸任不久的前总理克劳斯的一席发言，引出了以后在这篇论文中体现出的许多思考。当时他说：“循序渐进”是不存在的，在改革开始之后，你不可能有一个先做什么再做什么的计划，你只是能做什么就做什么，能在哪里推动改革就在哪里推动改革，这也是因为这个不改那个就改不了，它们其实互为因果，你需要注意的只是不要让有的部门改革太慢，有的部门改得太快……这番讲话其实包含了我们所说的“平行推进”的基本内容。这是有血有肉的来自实践的真理，理论家的任务只是把它整理、抽象、系统化而成为理论罢了。

协调性问题简单地说不是很难理解，但是要把这一问题模型化，则是一个重大的挑战，因为这是一个多元变量而且是一个动态多元变量问题，数学模型会相当复杂，计量检验就会更困难。我们只是用假设变量的模拟模型对问题进行了一些初步的论证，接下来其实还有很多工作要做。

伍

宏观经济理论与政策

一 公有制宏观经济理论大纲

1990年，在《现代三大经济理论体系的比较与综合》出版同一年，《公有制宏观经济理论大纲》出版。这本书由我“主笔”，张曙光研究员“副主笔”，与杨仲伟、袁刚明、张燕生共同讨论写成。

从三大理论比较到宏观理论，前者是对思想史特别是经济学流派的总结，后者则是对社会主义经济运行机制的分析。在外人看来，这是一个跨越，于我而言，这却是顺理成章。可以说，运用西方经济学来分析中国的现实，特别是公有制体制下的中国经济运行似乎是早已定好的目标，而《现代三大经济理论体系的比较与综合》不过是理论准备、方法准备。如果说《公有制宏观经济理论大纲》是“善其事”的话，那么，《现代三大经济理论体系的比较与综合》则属“利其器”的阶段。

《公有制宏观经济理论大纲》在某种意义上也可以说是我在前期的一部代表作。这部著作是对公有制经济的一个全面思考。其中不仅有方法论上的突破（既运用新古典经济学的分析方法，又强调马克思主义的矛盾分析法），还有理论认识上的拓展。比如将社会主义的经济分析，抽象为公有制经济分析，没有局限于传统的公有制，而且公有制改革的实践也被纳入分析框架。《公有制宏观经济理论大纲》在以下三点上具有特别的意义。第一，《公有制宏观经济理论大纲》运用标准的经济学语言来分析公有制经济运行，与国际同行有了交流的平台，也使得中国的经济学包括中国的经济问题可以走向世界（中国的有些经济问题比如“经济疲软”“笼中虎”等如果不用标准的经济学语言描述，往往令国外学者费解）。第二，《公有制宏观经济理论大纲》受到科尔奈《短缺经济学》的启发，但又超越了《短缺经济学》。在《短缺经济学》中，短缺是社会主义经济的一个固有特征，是分析的前提；而在《公有制宏观经济理论大纲》中，短缺成了分析的对象。第三，《公有制宏观经济理论大纲》超越《短缺经济学》还体现在：此前，《短缺经济学》一直是西方学者认识社会主义经济的一面镜子，但那个“社会主义”已经停留在《短缺经济学》中，是不发展的社会主义；而《公有制宏观经济理论大纲》却为西方学者提供了一个处于改革之中的真正鲜活的社会主义公有制经济——它的运行与问题。这使得国外学者发现，关于社会主义经济，除了《短缺经济学》，还会有新的参照。这也是为什么一些国外的大学愿意将《公有制宏观经济理论大纲》列为它们的教学参考书。

《公有制宏观经济理论大纲》的形成有着现实与理论层面的双重背景。

现实背景是，20世纪80年代末期，中国出现了经济过热、高通货膨胀、抢购风潮、国民收入超分配、高消费，以及经济结构扭曲等一些宏观经济现象。这些现象让人反思：是什么导致了这些宏观经济现象的出现？是一般经济中都会出现的正常的经济波动，还是经济体制中固有的矛盾爆发的结果？

理论背景是，20世纪80年代科尔奈的《短缺经济学》风行一时，人们对很多社会主义经济现象的困惑都可以由短缺得到解释。《短缺经济学》也被看作那个时候最为“有用”的社会主义（政治）经济学。不过科尔奈的著作也有不足，即他并没有对社会主义（公有制）经济的各种方面做出全面的、完整的分析。他主要分析了企业行为和计划者行为，而缺乏对公有制经济中个人（劳动者和消费者）行为以及地方等特殊利益主体行为的分析。在分析企业行为时，他主要分析了约束（所谓预算软约束）方面的问题，而几乎未对企业（以及其他各经济行为主体）的特殊行为目标（利益目标）以及追求这种目标的行为特征做任何说明；而缺乏对特殊行为目标的分析，显然不能充分地解释经济行为，也不能全面地说明经济现象。在《短缺经济学》中，短缺这个核心概念更多地（不是完全地）是被当作分析前提存在的，而不是首先作为经济运行的必然结果加以论证的；“总量短缺”和结构性短缺这两方面的关系在他的书中是经常混淆的；并且，在我们看来，科尔奈对他当作整个理论基石的“预算软约束”概念的定义，也是存在缺陷的。而这些问题，正是我们在《公有制宏观经济理论大纲》中进一步加以分析、论证的。如果说科尔奈当初的《短缺经济学》是以传统的公有制计划经济为现实出发点的，那么《公有制宏观经济理论大纲》这本书，则进一步受益于对改革后的公有制经济实践的观察。

通常所说的社会主义经济，无论在理论上还是在现实中，指的都是“以公有制为主、其他所有制成分为辅”的经济。正是在这个意义上，对社会主义经济的分析落实到对公有制经济的分析上。

公有制经济模型，当然主要是对中国社会主义经济中的某些现实关系进行适当概括、抽象之后得出的，理论分析所针对的也主要是中国经济中发生的一些问题。不过，需要说明的是：其一，这一理论模型，是在所有社会主义经济的更广阔的背景下产生的，所针对的是这些社会主义国家共同面临的一些经济问题。因历史和现实的各种具体因素的作用，公有制经济的某些关系可能在一个国家中表现得不太明显，但在另一个国家中可能表现得较为明显，它们因而也会被概括出来，成为理论模型的组成部分。其二，这里的公有制经济理论模型，不是从某一特定时期的现实中概括出来的，而是从社会主义经济发展到当时的全部历史和现状中概括出来的。事实上，也只有在公有制经济经历了相当长时期的发展，各方面的内在关系和内在矛盾有了相当充分的展开的时候，我们才可能对其有较完整、较深入的理论认识。社会主义国家经济改革的实践，作为公有制经济发展的一个新阶段，为我们全面、深入地认识公有制经济关系及其运行规律，提供了重要的实践前提。没有改革之后的经济实践，某种方面的经济关系，不会显示得如此清晰。

而对公有制经济运行机制则概括为两种：一种是计划者主权机制，另一种是多元主权机制。计划者主权机制指的是那种基层和个人不能“自主”决定经济变量，在引导经济运行中作用较小，并只能通过“劝说”计划者才能间接发挥一定作用的机制；而多元主权机制的基本特点就在于它能够直接、自主地决定一些经济变量。

这里要特别指出的一点是，即使在高度集中的计划体制下，基层单位和个人的特殊利益，在引导经济运行的过程中也并不是完全不产生影响。比如，各地方和企业在“中央计划会议”上的“劝说”活动，就会使它们的特殊利益在最终形成的计划中有所体现，从而也在一定程度上起到某种引导经济运行的实际作用，只不过作用较小，并只有通过“中央批准”才能实现，而不能“自主”地实现。

从这个意义上说，在现实中就不存在绝对的单一“计划者主权机制”；它与多元主权机制的现实差别，只能从相对的意义上去把握，从其他行为主体发挥作用的程度和形式的差别中去理解。

结合中国公有制经济运行机制的现实可以发现，在中国公有制经济前40年的变化过程中，两种运行机制及其一些具体形态，都曾存在过。

在《公有制宏观经济理论大纲》理论的形成中，马克思主义经济学发挥了重要作用。马克思主义经济学唯物主义地分析现存社会经济关系的理论实证方法以及从社会经济关系、经济利益矛盾出发说明经济变量和经济现象的“矛盾分析方法”，是《公有制宏观经济理论大纲》理论观点和方法论的重要源泉和指导思想。

公有制经济中的各种特殊利益矛盾，都是公有权基本矛盾的进一步的展开形式：（1）在计划者积累意向与个人高消费意向的矛盾中，计划者不是最终所有者却作为公有权主体行使职能，不进行消费而考虑积累；个人作为公有制下的个人有权享受资本的收益，却不考虑资本积累而只进行消费。（2）在经济整体的预算硬约束与基层单位预算软约束的矛盾中，计划者作为公有制经济整体的代表必须负责合理配置资源和分配收入，同时承担一切经济损失的责任；而基层单位，作为公有制经济的一个局部，不是生产资源的所有者，却可以更多地占用资源为自己争取到较大的特殊利益，并可以转嫁损失。（3）在管理者与劳动者的矛盾中，管理者作为被委托人，必须行使所有者所委托行使的职能，但他自己不是所有者；而每个劳动者，不行使所有者职能，却在与管理者的关系中处在所有者——“主人翁”的地位上。（4）在公益决策与私人利益的矛盾中，公益决策以全体所有者的利益为目标，却只能由处在非所有者地位的个人来行使决策权；每个决策者，他所在的公共职位要求他从全体所有者的利益出发行使职权，但他自身作为非所有者的地位会导致私人利益对公益决策过程的渗透。

事实上，就认识形成过程而言，我们是从这些具体矛盾中进一步抽象出公有权基本矛盾的。公有权的基本矛盾是这些具体矛盾的“公因子”；各种特殊利益矛盾，是公有权基本矛盾的具体表现形式。

由此也可以看出，所谓“产权缺位”的理论实际上是似是而非的。公有产权在各种经济活动或社会经济活动的各个方面从未“缺位”，相反，是无时不在、无所不在的，只不过总是处在某种特殊的位置，形成某种特殊的经济关系，有其特殊的经济效果。而这正是公有制经济的特殊性所在。

经济利益矛盾是客观存在，决定着经济的运动过程和各种经济变量。因此，事实上，凡是能够说明现实经济问题的经济理论，都要以其特殊的方式对经济利益矛盾及其作用进行分析。马克思主义经济学，更是以其辩证分析方法，着重分析了特殊经济关系中的经济利益矛盾（特别是那些并不通过市场交换而发生的或仅仅体现在市场竞争中的各种利益矛盾）对经济运动的决定性作用。《公有制宏观经济理论大纲》的基本思路，也正是从公有制经济关系的特殊规定性出发，通过对各种客观存在的特殊利益矛盾及其经济后果的分析，来说明宏观经济的运动和各种宏观经济变量的决定。以往某些号称“马克思主义”的社会主义经济理论（以苏联1955年版《政治经济学教科书》为典型代表）的一个基本特征却恰恰是否认公有制经济本身内部利益矛盾的存在，特别是否定它们在经济运动过程中、在经济变量决定过程中的作用。这种理论的出发点，是经济和谐、利益一致、“同志式相互协作”，而把现实中客观存在的各种利益矛盾，仅仅当作是由“错误行为”或“旧社会传统”造成的，否定在公有制特殊经济关系基础上产生各种特殊利益矛盾的客观必然性，以及这些矛盾在经济运动过程中所起的作用。这种理论，自然不能提供对现实经济现象的科学说明，而只能提供一系列“教导”人们应该如何行为的“训诫”。

二 “兄弟竞争”

1989年发表的《论“兄弟竞争”》[①]一文，可以说是

① 樊纲：《论“兄弟竞争”》，《中国：发展与改革》1989年第4期。

《公有制宏观经济理论大纲》的“前奏”，因为它事实上提出了《公有制宏观经济理论大纲》中的一个重要理论内容，即各地方政府之间的竞争对宏观经济运行过程中所出现的许多问题的重要作用。

我读研究生时的专业是“西方经济学”，没有再细分领域；硕士研究生的毕业论文研究的是一般均衡理论，属于微观经济学的范畴。在哈佛大学研究学习时也没有特别的侧重，微观、宏观课程所花的精力应该说是差不多的。不知是在什么时候，没有刻意追求，却自然而然地将宏观经济学作为了我自己研究的重点。大概只是我在学习经济学各种理论的过程中对宏观的问题更感兴趣，觉得它相对于微观经济学而言更加综合、更加复杂，因为只有在说明微观行为、说明各个市场之间的关系的基础上才能说明宏观经济现象。同时，我也觉得宏观经济学更具有挑战性，因为微观经济学的许多内容最终的结论只是市场的自由竞争，不需要有多少主观的努力，即不需要有“经济政策”，而宏观经济学的主要内容，就是讨论在市场失灵的情况下，是否需要以及需要怎样的经济政策来对市场的波动进行调节，搞得好有利于经济的稳定增长，搞不好会造成更大的混乱。

我想，如果说我对中国宏观经济学的研究做出了一点贡献的话，那么这种贡献就在于我和张曙光等合作者在1989—1990年期间发表的包括《论“兄弟竞争”》《我国通货膨胀三种主要成因的理论分析》[①]在内的一系列研究论文以及后

① 樊纲：《我国通货膨胀三种主要成因的理论分析》，《经济研究》1990年第3期。

来出版的《公有制宏观经济理论大纲》之中，最先系统地把制度因素引入了对中国宏观经济问题的分析，第一次在基础理论的层面上用公有制这个体制因素来解释中国宏观经济波动，而不是简单地将在私有制的市场经济条件下发展起来的现代宏观经济学的一些分析模型与政策结论直接“搬”过来；在此基础上，也就系统地说明了，针对我国的这种体制，我们要采取怎样不同的宏观经济政策才能实现经济的稳定增长。比如说，在公有制的条件下，由于所有制约束本身很弱，人们都在花“公家的钱”投资，预算约束是软的，亏本了可以不破产；那么，不仅需求膨胀会是经济的一个“常态”或一个不变的趋势，而且在西方市场经济条件下起作用的种种宏观经济政策，如通过调整利率（利息即投资成本）来调节投资和消费的货币政策是不起作用的，而只能依赖于直接控制“贷款数量”的所谓“行政手段”。

科尔奈曾经以“预算软约束”为理论基础，分析了在公有制的经济中企业总会得到政府的宽容与补贴（“父爱主义”）。在我们所分析的“三种通货膨胀”中，有一种是在“地方分权制”的公有制经济条件下，不是由于“计划者错误”，而是由于各地方在缺乏所有制约束的条件下的竞争（“兄弟竞争”）所导致的需求膨胀与通货膨胀。这也是一种体制差异所导致的特种形态的经济波动，但显然，它的政策含义也是特殊的：在给定的体制条件下，只有控制了地方政府的行为，才能控制总需求的膨胀。

这些分析都属于一种努力，就是将现代经济学的一般原理应用于中国当时的体制环境，从而一方面正确地解释中国的种种经济现象（而不是用在别的制度环境下，用别的国家中的原因来解释我们的特殊现象），另一方面得出正确的政策结论，而不是错误地把在别的体制下有效的政策应用到我们的经济中来（这不仅没有用，还会造成更大的混乱），从而更好地实现经济平稳增长的目的。过去和现在，都还有一些经济学者，看了一些西方的经济学教科书，没有搞明白那一套理论中哪些是一般性的经济理论，哪些是在特殊体制条件下的特殊现象，就把书中所说的一些政策生搬硬套地应用到我们的体制条件下。更可笑的是，当他们到中国来用那些政策发现不管用的时候，就来指责是“体制不对”，而不是政策不对，说“如果是人家的体制，它就会见效”。从长远来看，体制可能是需要改革的，但体制改革是一件长期的、一时很难奏效的事，在体制一时还改不过来的时候，政策不管用，只能是政策用错了，是因为他们根本还没有理解所要针对的真正的问题！特别是宏观经济政策，它本质上是一种短期政策（要在当年就抑制住通货膨胀或提高经济增长与就业增长的速度），通常只能在假定制度不变的前提下设计政策。那种批评“体制不适应政策”的人，一是没搞懂政策与体制的关系，二是根本不懂宏观经济学是怎么一回事。

《我国通货膨胀三种主要成因的理论分析》和《公有制宏观经济理论大纲》的分析，都是实证性的（positive）。也就是说，我们只是把制度作为一个客观存在加以分析，说明在一定的体制下，一定会产生怎样的结果，会有怎样的经济规律。我们基本上没有做“规范性的”（normative）分析，也就是说，不想声称体制“应该是怎样的”（当然更不想“指示”人们“应该怎样行动”)。《公有制宏观经济理论大纲》本身严格说来就是分析在公有制的条件下会产生怎样的经济现象与经济波动，应该采取怎样的政策实现经济稳定增长，它本身并不说明这个体制应该怎样改革。但是，一切好的规范性分析都是以实证性分析为基础的，而一切好的实证性分析也都会有一定的“规范性倾向”，也就是得出“如何改造世界”的取向。我们的分析表明，在公有制的体制环境下，总需求总是倾向于不断地膨胀，经济总是处在短缺或通货膨胀的状态当中，根本原因是缺乏“所有权约束”，那么自然，改革一定要改所有制制度，而不能只改“管理体制”。这也是从《公有制宏观经济理论大纲》一书中能够得出的“政策结论”。

许多读者也都从这些著作中读出了这一层意思，应该说也是我们作者心中的一种“改造世界”的想法。但是，我们仍然想强调的是，经济科学分析最重要的任务，不是提出一种想法或取向，而是对现实的关系进行深入、细致的分析，然后让人们从这种分析中获得对改造世界的方法的坚实的实证基础。这些著作本身的性质和功能，正在于此。

三 “国家综合负债”

20世纪80年代，中国开始建立银行体系，到了20世纪90年代初，国有银行成了中国国有企业和地方政府融资的一个主要渠道，而由于地方银行由地方政府领导，这恰恰加剧了上文所说的“兄弟竞争”，导致了20世纪90年代初的过度融资和经济过热，最终还导致中国银行系统特别是国有银行系统的“坏债”占贷款总额的比重很高。当时国际上有人根据这种债务率，提出了中国经济会不会因此而“崩溃”的问题。我当时进行的研究和发表的《论“国家综合负债”——兼论如何处理银行不良资产》[①]一文，就是针对这个问题的。

为了最大限度地估计风险，避免低估问题的严重性，我们采用当时见到的各种估计当中较为严重的一种，即估计不良资产占银行贷款总额的25%。

国有企业负债严重，首先当然是因为体制方面的问题。在国有企业、国有银行、政府干预这种三位一体的国有经济体制下，国有经济这个整体对社会欠下的“坏账”总会以各种形式发生（财政补贴、三角债、工资拖欠、垃圾股票、垃圾债券、通货膨胀等，这里暂不详细分析）。但以银行坏债这种特殊形式发生，其中一个具体的原因，就是从20世纪80年代开始，中国政府逐渐地将国家财政对国有企业的财务责任，转移到了银行。

这也就是说，银行坏债实际上起到的是“财政补贴”的作用。搞国有企业而没有国家财政为其注资和补贴，其结果必然是国有银行出现大量不良资产。这是“国有经济三位一体”的内存逻辑。在思考国有企业负债与金融风险的关系时，我们应该将财政负债的问题联系起来进行综合考察，将国企对银行的坏债视为“准政府债务”，并将国企坏债和政

① 樊纲：《论“国家综合负债”——兼论如何处理银行不良资产》，《经济研究》1999年第5期。

府负债一起算作“国家负债”。这一分析首先可以解释两个方面的问题：一是为什么中国有这么大的国有经济而政府负债却特别低（政府债务余额占GDP的比重只有8%左右）；二是为什么中国银行的坏债比重特别高。

这里要明确的是，只有银行“坏债”才构成“国家负债”的一部分。因为只有“坏债”才构成社会和政府的负担，必须运用某种国家权力（税收、国债、货币发行、国际融资等）加以处理。只要企业还能用自己的收入还本付息，其负债就不是我们这里所说的“国家负债”的组成部分。

在更加一般的意义上，即使假定不存在国有经济，私人企业和私人银行之间发生的“坏债”，也具有“外部效应”或“公共性质”，因为由银行坏债引起的银行危机、金融危机，会对整个社会的经济稳定和经济发展造成不良后果，要解决这个问题，通常也要由政府出面，运用公共资源（“纳

⬆ 2011年东北亚名人会上，樊纲（右一）与日本和韩国著名的经济学家在一起

税人的钱”）加以处理。其他非国有经济国家的实践经验（如20世纪80年代的美国，20世纪90年代末的日本、韩国，等），都说明了这一道理。无论如何，从一个经济整体金融状况的角度看问题，银行坏债和政府负债，同样可以被视为社会整体的一种债务负担，其数量的增长，都意味着一个经济金融风险的加大。

从一个经济应对金融危机的能力的角度考察问题，我们也需要将银行坏债与政府负债联系起来考察。银行坏债率高，若政府债务率也高，政府在应对金融风险时的能力就差；相反，若政府负债率较低，危急时刻就可以用增发债务的办法来清理债务，稳定经济。一国金融风险的大小，不仅取决于金融系统本身的健康程度，而且取决于政府应对金融危机的能力大小。

政府债务、银行坏债和全部外债，可以说涵盖了一个经济中已经产生的可能导致金融危机的主要国民债务，其他一些潜在的、隐含的政府欠债，要么可以归结为以上三项中的一项（比如政府欠国企职工的“养老基金”债务，现在实际上正以企业坏债的形式发生着），要么在经济中有着其他对应物（比如政府对职工的“住房基金”欠账，可以通过住房私有化和拍卖一部分国有资产偿还）。

将以上三项放在一起，我们可以得到一个“国家综合负债率”的概念，它在数量上可以通过以下公式来表达：

$$\text{国家综合负债率}=\frac{\text{政府内债余额}+\text{银行坏债}+\text{全部外债}}{\text{名义GDP（按现价计算）}}$$

这可以说是衡量一国金融状况的一个综合指数，它包含了在资本账户尚未开放的经济中的一些主要的可能引起宏观经济波动和金融动荡的不利因素。

以上公式表明，控制银行坏账（这是当时最重要的风险来源）将有利于控制国家综合负债率的增长；同时，如果有适度的通货膨胀，则会使得名义GDP增加，进而导致国家综合负债率下降。从体制改革和宏观政策的关系的角度看，如果我们能通过改革控制银行坏债的增长，我们的宏观政策就有更大的操作余地，也就能通过更多地借债（无论是内债还是外债）来支持经济的增长。

从动态角度考虑，给定经济的潜在增长率，其他条件不变，只要使坏债的增长率得到控制，使之低于经济增长率，从长期来看，坏债的问题就不会趋于“爆炸”，而是会逐步得到缓解，并随着改革的进展而逐步消除。

在加强银行风险管理的问题上，应将“坏债率”的减小作为目标，而不是将减少坏债的绝对额作为目标。而要想保证坏债的问题不日趋恶化，最根本的就是要确保经济增长率高于坏债增长率。这就是为什么：第一，体制改革是重要的（以确保坏债增长率下降）；第二，经济增长是重要的（使坏债的比率下降）。

《论“国家综合负债”——兼论如何处理银行不良资产》一文是在讨论银行不良资产的热潮中写成的，也是在亚洲金融危机之后，国际上许多人看到中国的国有银行中有那么多的坏账，因此怀疑中国经济增长是否可以持续，是否不久也会崩溃的所谓“中国崩溃论”的浪潮中写成的。这篇文章后来被多次转载，并被翻译成英文、法文和日文发表。

就这篇文章本身的内容与方法来说，其特点是，在分析一个经济的现实问题的时候，如果仅仅就事论事，就可能得出错误的结论；对于任何一个具体问题来说，哪怕问题再小，也需要有一个大视野，只有联系其他一切相关的问题，才能进行深入的分析，得出正确的结论。在解决银行坏账的问题上，我个人从来不赞成搞“债转股”，因为如果只在账面上把企业欠银行的坏账转移到资产管理公司的账上去，并没有在坏账产生的原因上有任何改进，反倒让企业和银行相信国家早晚会为它们“解套”，结果是“败德”行为更为盛行、银行坏账越转越多（后来的事实证明了这一分析）。正确的做法是在坏账产生的体制原因上做文章，也就是在国有企业改革和银行改革的问题上做文章，让银行坏账继续保留在企业和银行的账上，作为改革的压力和动力，直到实质性的产权改革和产权重组发生，那时政府再去承担一部分责任，从那以后才能一切按新的规则办事。必须从国有企业改革和金融改革的角度去分析银行坏账产生的原因并提出解决办法，就坏账论坏账，一定是不成功的。

四　“有效降价”与通货紧缩

随着经济的发展和经济体制的改革——包括宏观体制和企业微观体制的改革——中国宏观经济的运行状况，也在发生不断的变化。这几十年中，大致经历了以下几个阶段：

1978—1991年，集中计划体制下的短缺与需求膨胀；1992—1995年，分权制下的经济过热与通货膨胀；1996年以后，在民营企业发展和市场竞争逐步展开的条件下，尽管旧体制的因素仍然在起作用，但市场经济周期波动的机制开始体现出来——1996—1999年发生的通货紧缩和经济增长率下降，2000—2004年进入了复苏与高涨的时期。

1997—2000年之间发生的通货紧缩，不仅仅是市场经济周期波动造成的；1995年底宏观调控基本见效以后，没有及时调整宏观经济政策，事实上造成1996—1997年两年的“紧缩过度”，也是一个重要的原因。但是在1998年政府调整了政策，用各种手段“扩大内需”之后，2000年以后经济增长率已经开始恢复，投资已经在2000—2001年有了较快的增长，但通货紧缩迟迟不能得到抑制，引起了很大的关注，需要经济学者给予合理的解释。2003年，我发表的《通货紧缩、有效降价与经济波动——当前中国宏观经济若干特点的分析》①一文，就是针对这一中国宏观经济的新问题写成的。它的基本要点是要说明，如果通过体制改革和技术进步，成本的下降快于价格的下降（或者说供给的增长快于需求的增长）的话，由于利润仍在增长，以利润为目的的投资就可能在通货紧缩的环境下有所增长，这时我们就会看到经济增长与通货紧缩并存的现象。这种现象其实在市场经济发展的长期历史中并不少见，如果我们把18—19世纪金矿的发现所导致的通货膨胀扣除的话，市场经济在多数时间里价格

① 樊纲：《通货紧缩、有效降价与经济波动——当前中国宏观经济若干特点的分析》，《经济研究》2003年第7期。

总水平是下降的。从最根本的经济规律上看，一切效率的改进不都是为了降低成本从而使价格下降吗？黄金多了，印纸币了，会因支付手段的增加而导致名义价格的上涨，但相对于人们的劳动时间，价格总水平是不断下降的。

但是我们所能观察到的价格总水平的下降，需要有基本的制度条件。第一，体制改革和市场竞争的展开已经开始导致企业不断地力求提高效率、降低成本；第二，在现代纸币体系下，货币当局对货币供给进行严格的控制，政府也对自己的财政支出执行严格的纪律。在总供给和总需求基本平衡的前提下，在经济周期性波动的过程当中，就会有一定的阶段出现经济增长与价格下降同时发生的情况。应该说，我们通过多年的体制改革，的确已经使发生这种现象的制度条件形成了。这不排除市场经济自身还会向需求膨胀的阶段转化，2002年以来的经济过热在一定意义上也正说明了市场经济周期的因素已经在起作用（想一想民营企业这些年的行为便可知），但价格变动的情况的确与从前计划体制下的不一样了。

因此，《通货紧缩、有效降价与经济波动——当前中国宏观经济若干特点的分析》一文其实与《公有制宏观经济理论大纲》一样，也是在讨论宏观经济运行与经济体制之间的相互关系，也是试图抓住中国经济体制改革与发展过程中的新现象、新问题，在理论层面上及时地把它们分析出来。

作为这个时代的中国经济学者，我想我们能做的最重要的贡献，就是不断地将中国发展过程中产生的特殊问题，及时地在理论层面上进行分析。也许在这种分析中可以发现经济学理论发展的新的东西（这些东西也许我们自己还没有分析，但可以对别人、对后人有所启发），也许这种分析本身就是在对经济学的发展，包括其在各种情况下的应用，做出我们的贡献。

“有效降价”的问题，不仅仅是中国的问题，其实更是一个世界性的问题。由于全世界都在“向市场经济回归”，都在进行市场取向的改革，还出现了新一轮的全球化，全世界都进入了控制需求、提高效率的新的发展阶段，因此在全球市场上都存在着有效降价的趋势。这可能在人类历史上不是全新的现象，但也是一个老现象的新阶段，也值得我们关注。

在这篇文章发表后，中国宏观经济的运行就开始进入了新的一轮高涨甚至过热，我自己则是在2003年6月“非典”刚过就开始讨论经济“过热趋势”。在这新的一轮有关宏观经济运动与宏观经济政策的讨论中，我们仍然需要关注那些新的、有特点的东西，而不是宏观经济学上已经被人们说过许多遍的东西。这些新的、有特点的东西包括：在我们这个阶段，仍然是双重体制都在起作用，所以仍然需要使用两种宏观政策进行总供求关系的调节，即所谓的“行政手段”与“市场手段”同时使用。那种唱“市场经济高调”，要现在就完全不用行政手段、现在就按照美国人的宏观政策办事的观点，是错误的、可笑的，因为你的经济体制不是美国的经济体制，因为当你的调控对象还是行政主体的时候，市场手段对它们是不起作用的。

同时，在现在这个阶段，人们对于计划经济、国企制度如何引起经济过热的问题已经认识得很深刻了，我们经济学家也就可以少讲一点了。现在的新问题是，我们的民营企业刚刚开始发展不久，第一代民营企业家们对市场经济本身为什么会自发地形成经济波动和经济周期、对市场经济的动态风险认识不足，许多人（包括一些官员和学者）甚至认为搞民营企业、私有制了，搞市场经济了，就不会有经济过热了，殊不知经济周期（包括过热和过热之后所引起的过冷），最初其实就是市场经济的现象。因此，在那两年，我讲得更多、写得更多的，反倒是市场经济为什么会发生波动，市场经济本身为什么会要求有政府提供宏观经济政策这种公共服务，为什么美国会有格林斯潘之类的人在那里调来调去的问题。

中国的经济改革与经济发展，会是一个很长的过程。在这个过程中，会不断地出现新的、有特点的问题，比如“双重体制”的问题，这就很值得我们做一些理论分析。有些也许是在重复历史（比如上面所说的市场经济中经济周期的问题），已经在历史上被分析透了，因此在理论上也许做不出什么新的东西（所以不需要写新的理论文章）；但是，那些18—19世纪生活在西欧、北美的人已经经历过的事情，对于我们当前经济环境下的许多人，还是新鲜的。我们有责任把已有的理论拿出来好好地传播给大家，以利于我们经济实践的发展。这也是我们经济学者的重要的社会责任。

陆

关于经济发展

中国是一个发展中国家。我们一方面在进行改革开放、体制转轨，另一方面在发展经济，其实改革开放就是为了发展经济。进入21世纪后，我们欣喜地看到中国经济真的“起飞”了，走上了不断发展的轨道。如何说明中国的发展，如何从中国的发展过程中概括出新的理论要素，丰富发展经济学，如何回答世界上对中国经济发展所产生的各种疑问，成为中国经济学家的重要职责。作为一名中国人，我从研究经济学之初就对发展经济学有着浓厚的兴趣，但是以前的发展经济学理论，老实说，多数让人很不得要领。而中国的发展，给人以启发。从20世纪90年代后期开始，我越来越关注发展经济学的各种问题，从2008年开始，又在北京大学汇丰商学院为经济学和金融学的研究生讲授“发展经济学”（英语课程），今后也会进一步对其进行理论的研究。这一部分的内容，就是我这些年发表的一些有关经济发展的观点的概括[①]。

樊纲给北京大学汇丰商学院研究生讲课

① 参见樊纲1998年至2013年发表的有关发展经济学的文章。

一 发展中国家的外部竞争对手是整个发达国家阵营

之所以会有发展中国家、发达国家的区分，关键在于这是在一个开放的条件下、在一个国际比较的视野中。发展中国家始终面临发达国家阵营的挤压和竞争，这是一种宿命，也是发展中国家所无法重新选择的。这也使得对于发展问题的思考一直都要基于这样的开放前提。

从历史来看，除了英国是第一个真正自我发展起来的工业强国之外，其他国家，都是作为后来者、追随者发展起来的。作为后来者，都有一个榜样在那里，有一个更强的对手在那里，都有一个追赶的过程。不过，与之不同的是，在英国工业革命之后兴起的国家，比如德国，比如后来的美国、日本，那时候作为后发国家，首先在地理位置上就与领先国家保持着一定的距离。也就是说，领先国家更多时候是作为一个学习模仿的榜样而不是时时刻刻施加压力的对手存在的。而且，那时即使有竞争对手（竞争当然是不可避免的），也还是“个别的”，只有一个或几个，而不是一群。

现在的情况完全改变了。现在的发达国家与发展中国家已经形成了所谓的“南北大格局”（我们习惯把地球北部看作发达国家的阵营，南部看作发展中国家的阵营）。南北大格局主要是作为划分经济发展程度的一个标志，还不完全是一个地域概念。这就意味着，现在的后发国家必须面临的外部竞争是整个发达国家阵营，是有一大批强有力的竞争对手在那儿的。试想一下，在各个方面都有一批比自己更强的对手在那里，后发国家如何才能做到真正的“起飞”、赶超？

而与此同时，发展中国家的赶超是作为一个群体在赶超的，这就意味着发展中国家之间的竞争也极为激烈。发展中国家不但要紧追前面的对手，而且要注意后面的对手是否追了上来。

从这个意义上来说，当前发展中国家所面临的竞争环境比以前更为严峻，而发展中国家想要在强手如林的竞争中脱颖而出，就必须付出更加艰辛的努力。这些努力不仅意味着要有艰苦奋斗、卧薪尝胆的意志、品质，更主要的是弄明白如何选择正确的发展道路、发展政策。

二 比较优势战略是真正务实的赶超战略

中国经济、社会发展的最终目的是要在收入水平、科技创新能力、产业结构等各个方面赶上和超过世界上的先进国家。但是要做到这一点，必须从现在起步，必须能够在今天的国际市场（包括日益成为国际市场的中国本土市场）上“卖得出东西”，中国的企业也必须从现在起就能盈利，从而能获得资本的积累、教育水平的提高和科研能力的加强，使经济能持续发展下去。总之，中国现在就得有“竞争力”，而且是国际竞争力。

正是基于这样一个最基本的前提，我们必须认真思考中国现在拥有怎样的竞争力，而不是仅仅设想中国将来“应该有”怎样的竞争力，因为中国现在就必须“挣钱”。而且，为了能够更快地拥有更高级的、“应该有”的竞争力，中国现在必须依靠自身已经拥有的竞争力，因为如果中国现在不能挣钱，将来的一切都是空话。

发展中国家的最大忌讳之一，就是老想一下子变得“高级”。因为看到中国与发达国家的差距如此之大，每个人都着急，都想尽快“跳跃式发展”，尽快缩短差距，结果便不断地生出种种“大跃进”“洋跃进”“金融早熟”等事来。一方面，没有技术买技术，没有资本借资本，这都可以做到，但买来、借来的技术和资本都是要付出较高代价的；另一方面，没有人才，体制又不健全，一时半刻还不能改变，于是到头来就会陷入危机，走一段长长的弯路。中国人已饱尝这些教训，而后来的教训来自东南亚危机。东南亚一些国家，为了加速发展，为了更多地引进资本、引进技术，在各方面条件都不具备的情况下，过早地开放金融市场（以印度尼西亚、泰国为典型），企业也过早、过分地追求“高、新、大”，大多数大企业不能赚钱，靠借债维持，结果当年名义上发展速度很快，但金融危机一来，“财富缩水”一大块，统算下来经济增长率要打一个大大的折扣，因此走了一段长长的弯路。新的经济形势使中国等发展中国家面临发展的“新的紧迫性”，但中国的政府和企业千万不能再不吸取经验、教训，再搞“冒进”，再拿着宝贵的资源“打水漂”了。“发展的紧迫性”已经不允许中国再走弯路了。

所以，中国一旦下决心将来要在资本和技术上赶上世界强国，成为高新科技的领先者，就必须立足于国情，发挥自身的比较优势。只有比较优势战略才是真正务实的赶超战略。在相当长的时期内，中国还必须依靠自己的资源比较优势（以及其他一些相对优势），即劳动力成本较低的优势（“穷的优势”），在很大程度上依靠劳动密集型产业，在国际上进行竞争，也包括在中国本土的市场上（它已经是，更将是国际市场的一部分）。事实上，现在中国能在国际市场上卖得出去（同时能盈利）的东西主要还是劳动密集型产业的产品，或者是在技术密集型产品生产过程中的一些劳动密集型的生产环节上的产品（组装、来料加工等）。这并不像有人认为的那样是中国的“悲哀”，而是中国作为一个发展中国家的现实，是中国正确地利用了自身的比较优势。在今后相当长的一段时间内，中国国际竞争力的主要源泉，仍将是成本较低的劳动力和劳动密集型产业。对于许多相对落后的地区和企业来说，更是如此。

这丝毫不否定中国已经有了一些在国际上有竞争力的资本密集型、技术密集型企业，也不否定中国今后要逐步发展这样的企业和产业。但是，这里所说的是，就大部分地区、产业和企业而言，中国还必须从现实出发，想想中国干什么才能不亏损，才能赚钱。

从另一个角度看，在全球化的今天，在发达国家将其不再具有竞争优势的产业（主要是劳动密集型产业）向发展中国家转移的今天，如果中国不发展这些产业，它们就会到其他发展中国家去，到它们那里去创造就业。中国如此之大，人口如此之多，各种人才都有，至少可以同时既积极发展高新科技产业，又大力发展劳动密集型产业，“两条腿走路”，在一切可以创造就业的地方创造就业，在一切可以赚钱的地方赚钱，特别是不能放弃、拒绝、排斥中国有比较优势的行业，不能忘记中国几亿农民要改善就业、加入现代化进程的历史任务。

三　提升产业结构还是扩充产业结构？

发展“高级”产业，向价值链的高端迈进，这使人想到另一个似是而非的论调，就是21世纪之初流行起来的一个概念，叫作“提升产业结构”，意思是说与发达国家相比，中国（全国或一个地区）的产业结构中，“低级”（低端、附加值低）的产业太多，应该大力发展高新技术产业和服务业，逐步增加“高级”产业，淘汰“低级”产业，把中国的产业结构向高端提升。

对于一些发达国家来说，这也许是对的；对于中国的某一个地区来说，这也许也是对的；对于个别企业来说，这也许仍是对的；但对于中国这个整体来说，在今后几十年的时间内，这是不对的。

这是因为，中国毫无疑问要积极发展高新技术产业，提高经济当中的技术含量，即使中国有了新的较为高级的产业，也仍然不能丢掉那些劳动密集型、技术含量低但仍有竞争力的所谓“低级产业”，因为中国还有几亿农民要就业。一些企业“升级”了，一些地区也许总体来说也“升级”了，但那些所谓“低级”的东西仍要由别的企业，也许是新的企业接过来、做下去，也许到别的地区去做，但是中国千万不能把它们丢掉，因为那些就业机会丢不得，不能让它们流失到国外去，否则中国几亿农民转产、进城的问题就无法得到最终解决。一个企业可以不管这个就业问题，有利润可赚是最主要的；一个地区、一个城市也可以不管“中国农民”就业的问题，只要本地区的就业满足了就行。但是作为中国这个整体，作为中央政府，不能不管几亿人就业的问题，因为这早晚都是中国大家的问题。从这个意义上说，一个地区可以谈论结构升级，中央政府却不能谈论结构升级，中国千万不能忘记几亿人就业的问题，我们不妨称它为“世纪大问题”。

正确的提法不应是“提升产业结构”，而应是“扩充产业结构”，其含义就是中国要发展中国现在还缺少、还薄弱的新产业，但并不丢掉、放弃已有的老产业。中国人太多了，有一部分人去搞了高精尖的新产业，仍可以有许多其他的人继续搞老产业；一部分人升级了，其他的人还要源源不断地补上来。许多农民转产后的第一步可能还搞不了新产业，当不了电脑工程师，而搞那些所谓的低级产业却正可以发挥他们的竞争优势。

“扩充产业结构”，就意味着中国在今后几十年中可以有也应该有十分宽广的“产业谱”，同时，也还有“充实”“补充”产业链的含义。即使在一般制造业的领域，中国也还有许多领域没有占领市场，一些“整机”中国还无法制造，许多“零部件”的制造也还是空白。在这些领域里，中国的企业也可以一步步地发展，一个部件一个部件地攻克，一个市场一个市场地占领，把产业谱“充实”起来，这本身就可以创造出一大批就业机会。21世纪之初，扩充产业结构的一个重要机遇是，中国加入WTO和新一轮外资的增长，为中国的企业提供了大量进入世界生产网络和采购网络的机会，在中国自己还无法做“整机”的领域内，可以尽可能地为跨国公司进行部件的配套生产，一个一个逐步地扩大中国的生产领域和市场范围，一步一步地提高中国的技术水平，创造更多的就业机会。

总之，扩充产业结构，就是要不断地扩大经济规模和就业规模。为了解决中国增加就业的“世纪大问题”，中国必须要有一个正确的经济战略思想，必须确保每一个就业机会都不丢失。

真正的挑战是中国能否扩充产业结构、成为真正意义上的世界工厂。经过40多年的体制改革，中国的投资环境已大大改善，但还有许多体制方面的问题制约着中国，包括制约着中国自己的储蓄转化为投资，制约着有活力的民营企业的成长。全世界的发展中国家都在竞相改善投资环境，吸引各方投资，提高竞争能力。中国有中国特殊的优势，如低成本劳动力（现在已在逐步上升），但中国也有中国的特殊劣势，特别是历史上计划经济遗留下来的束缚生产力的各种体制，包括企业制度、金融体制、法治环境、政府行为等。中国能不能更好地解决这些问题，把世界的资源拉过来放到中国来生产，不仅为我们自己生产，而且为世界生产，使中国成为一个真正意义上的世界工厂，尽可能地把更多的就业岗位长期留在中国，才是问题的关键。

最后，要注意的是，世界上不会只有中国一个发展中国家有可能成为世界工厂。许多发展中国家都在为此而努力奋斗。出于中国民族的“私利”，中国恨不得把全世界的制造业都拉到中国来搞，但从国际竞争的角度看，这既不现实，也不可能。各国总会有各自的比较优势。中国最多是一个制造业大国。在国际上，自吹是“世界工厂”对中国并没有什么好处。中国要做的应该是多看看自己的弱点，努力做好自己的事情。谈论“世界工厂”这个话题，只是要明确中国需要大力发展制造业，为几亿农民创造就业机会，而不应有任何自以为今天中国已经是世界工厂了的狂妄。中国还仅仅处在发展的初级阶段！

四 要素结构决定着经济结构

从长期来看，经济结构和产业结构的变化，取决于“增长要素”结构的变化。所谓“增长要素”，就是劳动、资本（资源）、知识（包括教育和科技）与制度这四大基本要素，以前人们也称之为一个经济的“禀赋”①：有多少劳动力，有多少教育和知识，有多少资本和储蓄，有怎样的制度，有多少创新能力，等等。这些要素的数量、质量与结构，决定着收入分配比例、消费-储蓄倾向、社会保障体制、有怎样的生产能

① 最初经济学认为只有劳动与资本再加上土地和资源这些要素，后来，随着新增长理论和制度经济学的发展，现代增长理论和发展经济学事实上已经把知识（包括教育产生的人力资本和科技创新）和制度，纳入了增长要素的范畴。

力和生产效率、有怎样的金融资本市场、有怎样的创新机制等，由此才决定了会有怎样的消费与投资比例、制造业与服务业的比例以及高新技术产业的比例等。从这个意义上，调整经济结构，说到底是如何培育发展中国家往往比较稀缺的那些“高级的”增长要素。不从这些要素的培育和发展入手，空谈经济结构，谈了几十年，可能仍然是原地踏步、毫无起色。所谓“比较优势”，指的就是在要素结构比较“低下”，只有比较便宜的劳动力的情况下，一个落后国家如何起步；“后发优势”，说的就是在缺乏知识与科技的条件下，落后国家如何通过扩大开放，使其他国家的知识和技术“外溢”进来，实现增长；而“改革红利”，说的则是体制改革如何改进制度落后的状况以实现更有效率，资源配置结构更加合理的增长。

第一，关于消费与储蓄的比例。我国储蓄率过高、消费率过低，是一个严重的问题，但是这个问题说了很多年都没有得到解决，说明有些问题不是人为可以解决的，可能与发展阶段相关，是由就业结构、收入分配等一些更基本的比例关系所决定的。比如，在发展初期，劳动力相对过剩，大量农村劳动力需要转移，工资会压得较低，而企业利润率就会相应较高，受教育程度、技能高的人才较为稀缺，收入也会较高。由于高收入者消费倾向较低，国民收入的较大部分由企业和高收入阶层获得，社会消费比例就会较低，储蓄率就会较高。我们目前可以说仍有70%的劳动者属于低收入阶层，一半是农民，一半是农民工，而他们的收入在国民收入中的占比较低，势必导致消费率较低而储蓄率较高。由此看来，解决这个问题的根本途径不是空谈提高消费，而是要继续大力发展经济、增加就业、提高工业化水平、提高教育水平、提高社会保障水平、扩大社会保障的覆盖面等，这样才能最终改变国民收入分配的比例，从而提高消费所占的比重。

第二，工业与服务业比例。近年来我国服务业比重已经有所提高，2015年已经超过GDP的50%。但是也应该注意到，在发展的初期阶段，制造业比重较高，不仅是必然的，而且也是较为理想的。没有制造业的大发展，我们不可能创造这么多的就业，不可能为服务业的发展提供坚实的基础。世界上所有的发展中国家梦寐以求的就是制造业能够有所发展（现在世界上许多人把其他发展中国家无法发展制造业归因于中国这样一个人口大国成了制造业大国），而服务业的发展，从根本上取决于经济整体的发展、收入水平的提高、城市化和工业化水平的提高、个人与社会金融财富的增长，取决于企业和产业的专业化发展把服务业从原来的产业结构中分离出来，等等。我们要积极创造有利于发展服务业的制度与政策条件，消除阻碍，但是也不能揠苗助长，更不能幻想在我们现在的收入水平上就要达到发达国家服务业占比的水平，那样反倒会抑制其他产业的正常增长。

第三，高科技产业比例。我们都羡慕发达国家有科技创新能力，有较大规模的高新技术产业。那些也的确是发达国家发达的原因。因此有一些人瞧不起我们中低端的制造业，总希望能一下子实现赶超，甚至有人说没有发达国家那样的高新技术产业我们就会掉入“中等收入陷阱”。但是，我们刚从低收入国家的行列中走出来，是不可能一下子成为高科技大国的，要有一个很长时期的“用中等技术，挣中等收入”的过程（韩国等一些中等收入国家其实一直还处在这个阶段）。我们要努力发展教育，发展科学研究，改革体制，创造全民创业、万众创新的体制与政策环境，但是我们在现阶段还是要高度重视一般产业的逐步升级，重视创造着大量就业的中低端产业的发展。没有中端技术和中端产业的发展，我们不可能一下子跳跃到高科技国家。要成为高科技国家，还有很长的路要走。在现阶段，我们要鼓励各行各业，包括原来我们只能做低端产品的一些制造业，提升技术，改善产品，逐步升级到做中端产品的水平。我们的一些产业，可能要放弃低端产品的生产，晋升到能做中端产品，但绝不能轻易放弃这些产业。发展是一个历史进程，我们要尊重规律，循序渐进。

总之，从经济发展的过程看，调结构是一个长期的过程，需要我们以足够的耐心，扎扎实实做好基础的工作，逐步实现我们的梦想。想一蹴而就，往往会适得其反。

五 利用“后发优势”，在开放中发展

传统的发展经济学认为发展中国家能发展主要是因为有效地发挥了比较优势。但事实上，各国的实践都表明，比较优势，即廉价劳动力的优势，只是在发展的初期，也就是所谓的“起飞阶段”能起较大的作用。而在起飞之后，能否使发展中国家持续增长，取决于它们能否在开放经济的条

件下发挥“后发优势”（advantage of late comers or advantage of backwardness），也就是通过开放，通过引进外资和出国学习，引进、吸收、消化发达国家多年积累起来的先进的知识、技术、管理，以较低的成本，让发达国家的“知识存量”“外溢”到发展中国家来，缩小与发达国家的差距，从而得以逐步进入下一个发展阶段，即“自主创新”阶段，最终实现发展，也就是所谓的“趋同”。

中国的经济发展，以改革开放为起点。改革包括对外经济体制的改革，改革本身是一个借助外部知识的学习过程；而开放本身就是体制改革的一个组成部分，开放促进了国内的改革。开放使我们得以发挥“后发优势”，得以在“起飞”之后持续发展。实行改革开放40多年后的今天，认真分析一下开放进程如何推动了我们的发展与改革，对于坚定我们走改革开放的道路，坚持在国际竞争中发展自己，反对国际上的保护主义倾向和我们国内狭隘的民族主义，有着重要的意义。

经济发展与社会发展本身是一宗国际性的事件，它的评价体系本身就是国际性的，而不是一个国家自身的事情。所谓发展，指的就是发展中国家通过经济增长和社会进步缩小与发达国家的差距，最终追赶上（经济学术语叫作“趋同”）发达国家的过程。第一，你有多落后，是在国际比较中确定的，不是你自己评判的。你自己可能每年也都有些进步，但在国际比较中你可能是越来越落后的。第二，发展只是对发展中国家而言的，而一个国家落后是因为有比它先进的国家存在。英国也有像我们现在这样人均GDP4000美元

（指2010年前后——编者注）的时候，但那个时候世界上没有比它更发达的国家，它的增长也就只是增长，而不是发展，因为那时没有更发达的国家、更发达的企业压着它、挤着它、竞争力比它更大。第三，发展是一个国家处处弱于发达国家，但还得增长得比发达国家快的过程。如果世界上的发达国家每年增长3%，你也增长3%，那就只是增长，因为你不能缩小与发达国家的差距。只有你增长得更快，比如说8%的时候，才叫有所发展，因为这时差距才会缩小。所以说，你要是不开放，闭关锁国，你连自己是不是落后都不知道，你必须在开放的状态下、在国际参照系的对比当中，才能认识你自己、认清你自己。“发展”其实是发展中国家的专用名词，只有开放了，把自己放在世界的参照系当中了，你才知道自己落后了，才有了发展的目标和发展的动力。井底之蛙之所以狂妄，是因为无知，而无知是不会有所发展的。2010年时，我们的人均GDP已经从改革开放初期的150美元增长至4000多美元，这当然是个伟大的成就，但比起那些人均CDP40000美元的国家，我们仍然落后，仍然不能狂妄。

发展中国家要发展，只知道世界之大、他人之发达，只有一个参照系作比较，还是不行，你必须在世界贸易、国际投资、利益争取的实践中，才能培育出自己真实的能力，也就是所谓的竞争力。竞争力本身就更是一个相对的概念，竞争力的提高不是自己与自己的过去比生产能力、技术创新能力等是否增进了，而是要在与世界几百强企业、与世界强国的真实竞争中才能形成的，是要在真刀真枪的比试中才能锻炼出来的。所以，不开放，关起门来自己搞生产、搞科研，好像也进步了，但一开放就会被打回原形，因为你根本没有在竞争的环境中比拼。在过去那种所谓“幼稚工业”理论的指导下，一些发展中国家在既不开放外资投资，又不开放进出口贸易的条件下保护自己的产业发展，结果就是幼儿总也长不大，幼儿期一再延长，总也离不开保护，最终要么是胎死腹中，要么就是培育出一些永远在襁褓中的畸形儿。相反，我们开放了，在开放竞争的环境中，各种产业才真正有所发展。我们不能今天发展起来了，却回过头来否定开放的作用。

为什么开放有利于经济发展？首先是因为开放使得我们得以在更有利的条件下利用我们的有限资源。现在有人在批判“出口导向”的发展战略，但是一个发展中国家要想发展自己，第一件事是发展教育，也就是立刻着手开始提升自己现有生产要素的进程；第二件事就是要能出口，而且首先就是要能出口劳动密集型产品或者产品中劳动密集型的部分。贸易或交易的一般性意义在于我们可以用我们较多的东西换取我们较少的东西以获得贸易利益（理论上这叫作消费者剩余），而对于发展中国家来说，贸易的好处就在于可以使我们将我们唯一相对较为充裕的生产要素即劳动力得以更多地利用起来，以取得比较优势的利益。发达国家的购买力相对较大，对同一物品可以支付更高的价格，或者在同一价格上可以有更大的需求。如果仅为我们自己当时那点以低收入为基础的购买力的市场进行生产，我们在发展初期阶段仅有的生产要素即劳动力（因为我们收入低，剩余少，资本极为稀缺，技术上也很落后，在生产要素的计量上可以忽略不计），就会迟迟得不到利用，发展就成了无源之水，更谈不上挣更多的钱来发展教育和进行基础设施建设了。这时你当然挣不到大钱，因为你只有简单劳动力，自然不会有资本收入、技术收入、品牌收入、市场渠道收入、物流收入等。那种抱怨我们搞加工贸易挣了那么点小钱而大头都被别人挣去了的说法，是一种白日做梦的无稽之谈。如果我们连那点小钱都还不能挣到，还空谈什么下一步的发展和积累?!

开放还使我们得以在更加广阔的范围内利用国际上的资源发展我们自己。欧洲人当年发展航海，开辟疆土，殖民掠夺，主要是通过开放利用了更多的外部资源，而发展中国家在20世纪的开放，则首先是通过引进外资，较为快速地弥补自身资本要素的不足，摆脱“贫穷的恶性循环”或“储蓄不足陷阱”，使经济得以起飞。同时，也可以使发展中国家利用世界的各种物质资源，使其原来因自然资源的局限无法发展的一些产业得以起飞。资本的流动当然是受较高资本回报的驱使，使国际资本挣到了更多的利润，但是与此同时，在现代经济条件下，也使得资本流入发展中国家，使这些国家中的剩余劳动力得以与资本相结合变成有效的生产要素。这不是别人的恩赐，是我们劳动力的付出所产生的交换利益。

更重要的是，开放所能带来的最重要的好处在于，它使得发展中国家能以较快的方式、较低的成本获得较为先进的知识与技术，包括先进技术设备、经营理念和管理模式等。在贸易过程中，在与发达国家做生意的过程中，我们不仅交换到了我们没有的技术产品，也学到了如何做生意、如何做市场的知识；在引进外资、引入外企的过程中，我们不仅利用了外资，也通过对他们的经济活动的观察，通过我们与他们合资过程中的各种接触与磨合，学到了如何运营资本、如何管理企业、如何管理产业链、如何进行技术创新的知识，尽管他们仍然对他们的核心技术进行保密（你要是有核心技术，你也要保密）；在派出留学生的过程中，在开放信息交流和开放旅游的过程中，我们不仅学习到了知识、掌握了更多的信息，也学习到了世界各国各民族的文化以丰富我们自己。现代增长理论是现代发展经济学最新也是最重要的理论，就是所谓“外溢效应”（spill-over effect）理论，它所分析的就是知识本身的扩散过程如何创造价值，如何创造出新的生产力和竞争力。知识的存量不仅本身可以创造价值，而且可以创造知识的增量，从而产生增长。发达国家之所以先进，正是因为它们在多年的发展中积累起了更大的知识存量，因而能够创造出更多的知识增量；发展中国家之所以落后，就是因为它们知识存量较少导致知识增量不足。而开放、全球化、融入国际社会，一个最大的效果就是使得发达国家的知识存量“外溢”到发展中国家来，使得发展中国家可以以更短的时间、更少的成本，获得更多的知识，从而加速其发展，否则，要靠发展中国家关起门来自己一点一点地积累知识，发展中国家也许将永远落后（有的发达国家的经济学家就曾论证过，发达国家因为知识存量较大可以永远保持先进，发展中国家则永远落后）。落后从根本上说是一种劣势，这一点不必争论（有人对此进行争论是有点奇怪的事情）。而所谓“落后的优势”（advantage of backwardness）是一种“相对利益”，指的就是发展中国家通过开放，可以在较短的时间内以较低的成本获得发达国家在长时间内积累起来的知识的一部分从而加快自己的发展，不必处处自己重新创造、从头积累。而这一切，没有开放就都不可能获得；不开放，闭关锁国，这一切就根本无从谈起。专利制度或知识产权制度当然限制了知识扩散的速度，但是毕竟还是有大量不受专利保护的知识（包括专利过期的技术、通过观察能够获取的知识，以及本身无法专利化因而属于公共品的知识与技术），可以在开放的过程中外溢出来。这样的例子可以说比比皆是，在此不必一一列举。

另外，40多年来，我们中国人都知道了体制改革在发展中的重要作用。而制度也是一套知识，而且是不受专利保护的知识，也可以“外溢”。开放使我们得以向市场经济国家学习他们在多年的实践中发展起来的行之有效的制度，即使有些行之有效的市场机制我们一时还无法实施，也可以使我们明确市场化改革的目标，使我们知道什么是行不通的、什么是要通过体制转轨的过程而最终要逐步实现的。在现实中，我们每一个重大改革措施的出台，都包含着了解、参照、借鉴其他国家制度模式与实践方式的学习过程，都包括着从本国实际出发“与国际惯例接轨”的影响，就充分说明了开放在体制改革中的重要作用。加入WTO的最重要的效果，不是我们可以更多地出口，而是我们可以通过更大的开放更大限度地采取国际通行的市场经济制度，从而使我们可以更大限度地并在更广的范围内提高资源配置效率。

开放当然不是一个只有收益而没有成本的过程。开放充满挑战。开放使我们置身于充满风险的国际市场当中；开放使我们新兴的弱小企业面临经验丰富、实力雄厚的跨国公司的挤压；开放不仅引入知识，也会使一些“糟粕”输入；发达国家的人们往往忘记了他们在早期发展阶段的处境而用他们发达起来之后的标准评判我们，对我们说教、施压，或者对我们进行“误导”，这往往使发展中国家掉入所谓“赶超陷阱”或“早熟的陷阱”。这些不必回避，更不需否认。但是，经济学不承认天下存在着任何只有收益没有成本的好事，不承认有“免费的午餐”。经济学最终关心的是“净收益”。比起开放的成本，开放的收益无疑更大、更“合算”。所有开放的国家最终都发展了，而所有封闭的国家最终都更加落后了，就证实了这一点。

40多年的发展历程，使中国走上了一条持续开放之路，这也是中国繁荣富强的必经之路。你必须在开放的过程中用国际的参照系来判断自己在国际上所处的地位，你也只能在开放的体系中来证明自己是不是真正的繁荣富强。在发达国家今天开始尝到了开放所带来的挑战从而更多地搞起保护主义的时候，我们越来越尝到开放所带来的好处。现在轮到我们发展中国家当全球化的旗手了，那是因为我们确确实实从开放和全球化中受益。我们现在仍然处于发展之中，开放当然仍然有益。当我们真正发达的时候，我们仍可以从开放中受益，就像发达国家多年来从开放中受益一样。一个开放的民族永远兴盛，因为它可以从其他所有民族的知识与文化中汲取营养；一个开放的经济永远增长，因为它可以在更广阔的范围内获得知识、利用与配置资源。

六 如何避免中等收入陷阱？

所谓“中等收入陷阱”，一般的说法是，一个国家的发展水平达到中等收入水平之后，原来低收入阶段的竞争力即劳动工资较低时的比较优势开始消失，竞争不过收入较低的国家；而与此同时，它还不具备收入较高国家的“高级竞争力”，即不具备发展资本密集型产业和高新技术产业的能力；结果，高不成低不就，竞争力丧失，企业外移，产业空心化，经济增长和就业增长陷于停滞，长期停留在中等收入的水平，即掉入了所谓的“陷阱”。人们举的例子自然是一些拉美国家①，这些国家很早就达到了中等收入水平，但几十年停留于此，一直不能进入10000美元以上人均收入的高收入阶段。中国近年来不仅国民收入水平有所提高，工资水平也以较快的速度上涨，但一些产业似乎正在失去竞争力，自然也就引起了人们对这一问题的关注。

中等收入陷阱确实可能存在，然而，上文对中等收入陷阱的所谓定义和解释是错误的。真正的危险不是没有科技创新能力，而是收入差距拉大所引发的社会经济动荡。

---

① 另一个经常被人们提起的陷入中等收入陷阱的国家是南非。但南非的特殊问题是因早期的发展具有资源输出型经济的特点，资源出口收入的提高导致汇率大幅升值，按美元计算的人均收入大幅提高，但因为汇率升值，损害了制造业的发展，导致经济陷入停滞，基本上属于“荷兰病”的范畴。拉美一些资源富裕型经济在一定程度上也有这个因素的作用，但是拉美国家中另一个因素，即收入差距拉大导致社会福利支出扩大速度过快，起的作用更大（南非长期实行种族隔离制度，低收入的黑人基本没有民主权利，这是与拉美国家的一个重要差别）。

从技术上说，许多产品都可以是“连续的”，可以是用较低的技术、较差的材料生产出质量较差、附加值较低的产品，也可以是用略好一些的技术、略好一点的材料生产出略好一点的产品。后者的价格自然也就略高一些，前者的价格则必须较低（有的时候当然会很低）才卖得出去，但理论上只要价格足够低，总还是有人要的。世界上的许多国家、许多企业，实际上就是在吃这碗“中等技术”的饭，当然他们的收入只能是中等收入，它们仍在不断地、“连续地”、一步一步地发展。

从经济的角度说，怎么可以指望一个刚从低收入国家变成中等收入的国家，一下子就有了发达国家的高新技术能力？如果不是这样就是掉入了陷阱，那就不会有任何国家在那么长的技术发展过程中由低到中、由中到高地发展过来。幸好，中等收入陷阱根本不是这么一回事，所以还是有许多国家在由低到中、由中到高“连续地”发展着。

这里的一个关键环节是，只要人们用中等技术挣中等收入，就不是问题，发展可以继续。

要搞清楚这个问题，我们首先要分析一下什么是与收入提高（到中等收入）相关的产业或技术竞争力。这无疑指的就是劳动力成本增加或下降所导致的产品价格竞争力的变化。因此，在这里，（与劳动力成本相关的）竞争力可以用以下的工资成本与总产值的比例来表示：

$$产品竞争力=\frac{总产出}{总工资支出}$$

由于总工资支出＝人均工资水平×劳动力数量，总产出＝劳动生产率（每个劳动力的平均产出量）×劳动力数量，因此，上面的公式可以转化为：

$$\text{产品竞争力}=\frac{\text{劳动生产率}\times\text{劳动力数量}}{\text{人均工资水平}\times\text{劳动力数量}}$$

因此，我们最终可以看到，一个企业或一个产业以及一个经济的竞争力，是由人均工资水平与劳动生产率的关系决定的，即：

$$\text{产品竞争力}=\frac{\text{劳动生产率}}{\text{人均工资水平}}$$

我们称以上公式为“竞争力公式”。从这一关系中我们可以看到：

（1）工资水平提高，如果是与劳动生产率的提高同步的、相适应的，竞争力不会丧失。（2）如果劳动生产率的提高，快于工资上涨的幅度，竞争力会提高而不是下降。这实际是中国在过去一段时间里已经发生过的情况。（3）竞争力的下降，一定是由于工资的上涨幅度快于劳动生产率的提高。而这种情况，无论是在低收入阶段，还是在高收入阶段，都可能发生，因此它不是中等收入水平阶段所特有的问题。发达国家如果工资福利水平上涨过快，快于生产力的提高，同样会发生竞争力下降的情况。（4）如果收入达到了中等水平，生产力也达到中等水平，竞争力并不会发生下降，经济仍然可以正常增长，因为就各种产业的生产力或生产率而言，不是只有低端的生产力和高端的生产力，具有中等生产力的企业，完全可以从事“中端”的生产活动或中端的产业，仍然可以在世界的生产链中找到自己的生产和发展空间。许多国家都不是一下子从生产低端产品跳到生产高端产品，不是从劳动密集型产业一下子跳到高新技术产业的，而是在相当长的一个过程中，由低端到中端再向高端迈进，实现持续的增长，从而进入了高收入国家的行列。

人们也许会说，一些中等收入国家的问题，就在于收入提高到了中等水平，但生产力不能有相应的提高，所以掉入了陷阱。但这里的问题是：为什么你没有中等水平的产出，却有了中等水平的收入？也就是说，为什么你的收入的提高，脱离了你的生产能力的提高和产出水平的提高？谁也不可能一下子实现生产能力的提高；中等收入国家还不能一下子拥有发达的科技水平与创新能力，不过这表明它还只是中等收入国家，不表明它就不能继续增长。如果收入的水平与生产力的水平相适应，而不是快于生产力的提高，是不会丧失竞争力的。因此，根本的问题仍然在于：为什么在中等收入国家，往往会发生收入增长快于生产力提高的现象？

前文已经指出，收入增长快于生产力提高的现象，不是中等收入国家所特有的，低收入国家和高收入国家同样可能发生。但是这里我们确实需要研究一下，中等收入国家是否有一些特殊的原因，使它们特别容易发生“中等收入陷阱”的问题。需要注意的是，中等收入国家作为发展中国家，可能存在很多问题，每一个问题都可能引发经济危机或社会危机，使其经济发展陷于停滞。而我们这里要寻找的只是与“中等收入”这一特殊收入水平相关的问题。其他的问题可以用来“命名”其他的“陷阱”。

现实中，确实有与中等收入相关的特殊问题，那就是在中等收入阶段，社会各阶层之间的收入差距可能是整个发展过程中最大的。当一国还处于低收入阶段时，社会相对平等。进入高收入阶段以后，由于中产阶级和橄榄型社会结构的形成、社会福利制度的完善，社会也会较为平等。而就是在中等收入阶段，收入差距会拉得很大。

这在理论上是可以证明的。“库兹涅茨曲线”是通过许多国家的大量的统计数据分析得出的，它表明，收入较低时，社会的平等水平还较高，随着收入的提高，越来越不平等，但会有一个“最低点”，过了那个点以后，又会开始趋于平等。而这个“最低点”是由什么决定的呢？事实上，“刘易斯曲线”恰恰可以说明这条统计曲线。所谓“刘易斯拐点”，对应的正是上面的这个平等水平的“最低点”。这是因为，在刘易斯拐点之前，由于存在过剩劳动力，工资基本不变，利润却不断提高，少数人力资本获得的收入也越来越高，导致收入差距越来越大；而刘易斯拐点之后，一方面由于充分就业，工资收入可能随着生产力的提高而不断提高，另一方面由于政治压力的加大，社会可能会开始建立福利保障制度，这都会使收入差距缩小。从这个角度说，刘易斯拐点附近，正是我们所说的“中等收入阶段”，这个阶段真正的特殊性，不在于没有高新技术，而在于收入差距处于相对最大的阶段。

收入差距大，往往会出现以下两种情况，导致经济停滞，也就是掉入“陷阱”。

第一种情况就是由于社会关系紧张导致社会危机和政治危机，经济也就陷于停滞。一些发展中国家在历史上往往就是经济发展到了一定水平之后才反复出现社会政治动荡，使经济增长掉入了“陷阱”，就是因为这时政治动荡导致全社会的生产力和竞争力出现了一定程度的下降（前文竞争力公式中的“分子”下降）。

第二种情况就是所谓的“福利陷阱”。面对拉大的收入差距和社会紧张关系，人们自然会想用收入再分配的办法使其缓和，于是社会福利制度开始建立起来。在市场经济条件下，建立和发展社会保障制度是必需的，但是如果不顾收入条件过度扩大福利支出而到了国民收入“超分配”的程度，就会导致财政危机、债务危机、金融危机，使经济增长陷于停滞（竞争力公式中的“分母”增长过快）。一些拉美国家的经济停滞，在相当大的程度上也是因为掉入了这种“福利陷阱”。

这里需要注意的一个问题是，在中等收入阶段，由于富裕起来的人和受过高等教育的人还是少数，所谓的“中产阶级”这时也还是少数，社会上的多数人还是低收入群体，“橄榄型”的社会结构还没有形成，多数人处于低收入的一端，导致社会上要求政府干预收入初次分配（比如提高法定最低工资）、加大二次分配、增加社会福利、提高对低收入阶层的政府补贴的呼声特别强烈。而政府面对社会动荡风险，也会很容易就采取各种补贴政策，平息低收入阶层的不满；各种政治党派也会趁机利用这种社会势力，用增加社会福利补贴的承诺争取选票。这时，占劳动力大多数的人，受教育水平和生产率水平并没有提高（或者严格地说，只是按正常的速度提高），收入却提高了（严格地说，是有额外的因素即社会政治因素推动其提高得更快一些），自然会导致该国一些产业竞争力的下降。这本身就形成了所谓的“中等收入陷阱”。以上所说的政治危机或债务危机，只是这种中等收入陷阱问题后来恶化的两种不同的表现形式而已。

另一个需要认识到的问题是，中等收入其实是一种只有那些发展到一定水平但仍然落后的国家才会面临的特殊情况。发达国家在历史上虽然也经历过人均收入几千美元的阶段，但在那个时候它们从来都不是中等收入国家，而一直都是最高收入的国家，没有比它们收入更高、各方面发展得更为成熟的国家作为它们的参照系。而历史发展到今天，发达国家因为实行水平较高的社会福利制度，低收入阶层的基本生活比较有保障，社会较为平等。在开放条件下，人均收入几千美元的发展中国家（尽管这时它们已经达到了“中等收入”的水平）的人们，每天在与人均收入几万美元的国家的社会状态进行比较，“不幸福感”会更为强烈，要求政府增加社会福利支出、马上实行发达国家所实行的社会福利制度的呼声会更为强烈；而这时由于有发达国家的存在，有现成的福利制度可以模仿（请注意当年发达国家在这个收入阶段没有现成的模式可以模仿），一个人均收入几千美元的国家实行人均收入几万美元的国家的福利制度的情况就很可能发生，福利支出过度的情况也很容易发生。在低收入阶段，发展中国家比较容易因为生产能力太落后而着急，犯“产业赶超”的错误，浪费大量的资源。而在中等收入阶段，除了仍然可能会犯“产业赶超”的错误之外，还容易犯“福利赶超”的错误。这种错误一方面导致政府支出过大，形成财政危机和债务危机；另一方面提高了生产成本，导致竞争力下降、投资下降、产业外移、失业增加。一些拉美国家的历史教训，其实都在一定程度上说明了这个问题。

当人们看到中等收入国家的各种问题时，往往先拿它们与发达国家比，然后指出它们的一个明显的问题就是仍然缺乏发达国家的科技创新能力，并把这个因素当作掉入中等收入陷阱的原因。这是一种严重的似是而非的逻辑混淆。如果一个国家有了发达国家的教育水平、体制结构和科技能力，它就不是中等收入国家了，它就已经是发达国家了；既然还是中等收入国家，其特征之一就正是还缺乏那些“高级的增长要素”、缺乏科技创新的能力，而只有“中等的竞争力”。任何国家都需要发展教育、发展科技水平，中等收入国家也是这样（低收入国家更是这样，这是发展的一个永恒的主题）。这没有错，但是科技能力的提高是一个过程，甚至可以说，是一个经济的“慢变量”，往往尽了全部的努力，仍然需要有一个相对较长的知识积累、经验积累、学习消化的过程。这时中等收入国家出了问题，很可能是因为其他变量与科技能力的提高不匹配、不适应，而不是因为科技能力本身提高较慢。这是因为根据我们前面已经说明的理论，科技能力提高得再慢，只要工资福利增长的速度与生产力的变化同步，而不是比生产力提高得快，竞争力就不会减弱。

正是在这个意义上，我们说真正的“中等收入陷阱”，是由收入差距拉大所引起的经济停滞：要么是没有及时采取措施缓解收入差距而导致社会动荡，要么是操之过急，企图一下子用收入再分配的办法缩小差距，从而导致债务危机与金融动荡，其结果都是经济增长陷入停滞。其实，任何国家在经济增长和收入差距的问题上失去平衡，都有可能掉入这种陷阱，发达国家也不例外（最近欧美国家的公共债务危机就充分说明了这一点），只是因为中等收入国家的收入差距无论与更低收入国家比还是与更高收入国家比都显得特别大，所以更容易掉入这种陷阱。世界上一些真的掉入中等收入陷阱的国家的历史事实，都在一定程度上证明了这一点。

除了以上的一般问题之外，中国还有一个可能导致其掉入中等收入陷阱的特殊问题，那就是在我们独特的土地制度和城市户籍制度下形成的我国的“农民工早退”的问题。一方面，一部分农民工退出劳动力供给市场，导致产业工资因劳动供求关系变化而上升过快；另一方面，农民工退出劳动生产率较高的工业和服务业回到农村务农，是返回到生产力较低的劳动岗位，是对全社会劳动生产率的一个缩减。这是导致收入增长快于生产力提高的一个重要的特殊原因。

因此，中国也要认真防范中等收入陷阱的风险，而这说到底就是在保持经济增长和防止收入差距过大之间保持基本的平衡：一方面要及时改善与发展社会保障体制，缓解收入差距，防止差距过大引起社会动荡；另一方面要注意防止福利支出过度和政府债务风险。中等收入阶段是一个很长的发展阶段，许多风险是要在一开始就未雨绸缪，早早加以警惕的。我们要实现的目标是：一方面，努力提高教育科技水平和制度效率，创造出更高水平的国民收入，也就是要实现持续的增长；另一方面，要实现工资收入与劳动生产率同步提高，也就是实现均衡的增长。

柒

分析方法的思考

从事经济学研究这个职业，当然要进行各种“争论”。理论、理论，就是要“理论”的，而且经济学家从来以观点分歧多而著称。我们自嘲的一个说法是，两个经济学家就会有三种观点，而那第三种观点就是因为其中一个人在辩论当中自己又改变了观点。

但是，在我看来，学者之间的一些争论，其实是由分析方法的缺陷造成的。如果大家都运用了正确的分析方法，对同样的事实，分歧就不会这么多。正因如此，这些年来我就经济学的方法论发表了一些文章[①]。这一部分的内容就是对这些方法论讨论的一些概括。

一 经济分析中的一般均衡

我的硕士论文，研究的是瓦尔拉斯的一般均衡理论，我从中受益匪浅，也可以说是受用终生。这个于19世纪70年代提出的理论是现代经济学的基石，基本的思想就是不要就事论事，要看到不同经济因素之间直接与间接的普遍联系，有一个“整个经济体系”的大视野。而现代经济学，一方面有这样一个一般均衡体系将各个组成部分结合成一个庞大的理论体系，另一方面在每一个分支、每一个具体因素的分析

① 见樊纲《经济学不是道德说教——现代经济学读书札记》（载于《读书》1989年第2期）、《经济科学现代化与中国化的再思考》（载于《中国书评》1995年第5期）、《经济学中的“长期”与“短期”问题——兼论经济学的学科分类》（载于《经济研究》2001年第6期）等文章。

上，已经积累了大量的理论成果。这对我们经济学者的要求就是，你要先对这个庞大体系中的每一方面的知识都多少有所掌握，还要对整个体系有一个系统的理解，这样在分析每一个具体问题的时候，才能既知道这个问题在经济学体系中处于哪一个位置，又知道它与其他理论、其他因素的相互关系。所以，有时我们会开玩笑：搞经济学不是闹着玩的！

一个典型的例子是20世纪90年代末关于如何处理银行不良资产问题的研究。（具体内容详见本书第80—85页“国家综合负债”一节。）

同样的方法论，也可以应用于解释“中国崩溃论”为什么没有应验。中国的确可能是世界上银行坏账最多的国家之一，因此如果仅看中国的银行系统的问题，那么中国可能早就崩溃了。但是，一个国家是否会发生金融危机，取决于整个金融体系的状况，而不仅仅是它的一个方面，要看国家的财政状况、资本市场、外债负担、国际收支平衡等。中国国家银行坏账较多，原因之一是从20世纪80年代“拨改贷”开始，国有企业的一切资金需要都由国有银行来提供，本来由国家财政承担的责任转到了国有银行，结果导致银行成了国家的“第二财政”（正因如此，国有银行的坏账应该被视为“准政府债务”），而国家的财政负担却较轻，导致中国是世界上公共债务与GDP的比例最低的国家之一。同时，中国的外债较少，资本市场由于还没有开放，因而受国际市场的冲击较少，国际收支又一直有顺差，再加上中国经济还在高增长，财政收入迅速增长，利率很低，外汇储备大幅度增加，等等，把这些因素加在一起，中国的金融系统的整体状况并不太差。不是说没有问题，不是说不需要改革，但的确不至于在可以预见到的近期就陷入金融危机。所以，仅就一个银行坏账问题，我们要想给它一个正确的解释，就需要分析从微观到宏观方方面面的许多因素，而不能只就事论事。我在《论“国家综合负债”——兼论如何处理银行不良资产》一文中首次提出了“综合负债”这一概念，就是希望将讨论引入更广泛的范围。

这些年来，我参加了不少关于中国现实经济问题的分析与讨论，在所有这些问题上，我以为这种超越问题本身、“从树林看树木”的“一般均衡”分析方法是非常重要的。其他的例子还有：

就地区差距问题来说，如果只就事论事，把我们的目光只集中在落后地区如何发展上，也许我们永远也解决不了这个问题，因为地理位置的差别和运输成本的差距（还不谈自然条件的差异），也许就使得地区之间的经济发展水平的差距永远无法消除。但是，如果我们把劳动力就业的转移和人口的迁移拉入分析的视野，就会发现，也许地区之间的发展水平最终不能达到一样的水平，但是“人均收入”会趋于均等——在不同的地理、空间差异的基础上能够实现的均等，只是这种均等。因此，缩小地区经济发展水平差距的办法，就不仅是国家为内陆地区修路和鼓励资本进入落后地区，鼓励劳动力的流动与人口的迁移也是重要的一环。

就“三农”问题或收入差异而言，如果只是就提高农民收入而言，我们最终就会发现，能做的只能是实行政府补贴，转移支付。但如果把“三农”问题放到经济发展和现代化历史进程的大视野中，我们就会发现，一旦一个社会实现了“温饱”，农业或者说“务农”就不再是收入（或“效用”）增长的唯一源泉，新增的收入将主要由工业和服务业等产生。因此，真正能从根本上解决“三农”问题的办法，不在于农业，而在于农业之外；而提高农民收入的根本办法，就是使中国的大多数农民不再是农民。因此“三农”问题的讨论，从长远来看，其实应该是研究我们如何在全球化的条件下创造更多新的非农就业机会的问题。

就腐败问题而言，如果仅就官员的道德问题、监管机制问题、“高薪养廉”问题进行讨论，不能说不会解决一些问题，但一定会在理论上陷入怪圈，且在实践中总也解决不了问题，反倒会使问题愈来愈严重。原因在于，在一个“公权”太多的社会中，利用公权谋私利（这是所谓腐败的定义）的条件就太多，道德教育不过来，监管成本太高，养廉也一定养不起，最终是“劣币驱逐良币”，好人也变坏，导致腐败普遍化。所以，反腐败问题的讨论，一定要超越官员腐败的直接原因，分析其背后的深层次因素，要在改革国有企业、改革政府职能等方面做文章，在削减公权方面做文章。

就中国的“产业发展战略”而言，如果仅仅就产业论产业，似乎当然是高新科技最好，中国若像发达国家那样只发展高新科技，那么收入又高，用的资源又少，当然很“理想”。但是，在我们目前较低的发展阶段，我们要考虑的问题是我们的比较优势是什么，即使将来发展得更好一些了，在一些高新科技领域中有竞争力了，我们还是要想一想我们那么多新进城的或者还有待进城的农村劳动力的就业问题该如何解决。中国这么多的人口，是不能像别的国家那样“提升”产业结构的，而必须“扩充”产业结构，什么活都得干，即使那样还可能解决不了中国人的就业问题，只搞高新科技或金融服务就更不够了。同理，在要不要搞资源密集型产业的问题上，就事论事，我们中国是一个资源贫乏的国家，简单推理的结论一定是不能搞的。但是这也不搞那也不搞，我们还有几亿人的就业问题怎么解决？如果我们搞好了体制改革，在资源的利用率和环境保护的问题上在世界上有了竞争力，那么最好的战略就是利用全世界的资源为世界生产，把就业都拉到中国来，最好不要发生在印度生产然后出口到中国来，而中国一大群人无法就业的情况。

二　片面的科学性

我在完成博士论文《现代三大经济理论体系的比较与综合》的过程中，理解了认识和解释世界可以有不同的角度。尽管每一单个的角度，免不了有片面性，但这个片面的理论仍包含着科学的因素，是理论发展的一个必经阶段。甚至可以说，真正“大而全”的理论是不存在的。理论的抽象性（总是对现实的把握要有所取舍）注定了它们是片面的、深刻的，进而在一定程度上也是科学的。

理论的片面性并不否定或全部否定它们的科学性。这指的并不仅仅是在片面的理论中包含着“科学的因素”或在某些具体问题上得出了一些正确的结论，而是指，片面的理论作为认识发展和科学进步过程的不可避免和不可缺少的一个环节、一个阶段所具有的重要意义。一种经济理论，尽管它忽视了现实运动的某些方面，某些结论也是错误的，但只要它深入分析了某一方面的关系，也就是具有了所谓“片面的深刻性”，它就在认识的发展上起到积极的作用，为以后人们获得更加全面、正确和系统的认识提供了有益的科学素材，从而具有科学的意义。正是新古典主义这种片面强调经济活动作为人类一般的满足物质需要的活动的理论，将人的需要与资源配置、技术选择的关系，做了详尽和深入的分析，使这方面的理论发展到了相当严密的分析科学的水平。这不仅为物质生产活动本身的研究做出了贡献，而且为进一步研究社会经济活动两个方面的相互联系提供了理论前提。凯恩斯主义尽管片面地将资本主义经济的波动和危机仅仅归因于心理预期，但这一理论指出了信息不完全这个事实在受事前决策指导的经济活动中的不可忽视的作用，推动了近几十年来关于信息、预期的理论研究，深化了人们对于经济活动这方面的认识。而马克思主义理论，虽然在一定程度上忽视了物质需求与生产本身在经济变量中的作用，但它对生产方式和社会经济关系的深刻分析，揭示了资本主义经济和人类社会发展的内在规律，并为经济学从人与人的关系出发研究各种经济范畴和经济变量的决定，提供了科学的方法和理论结构。

由于社会经济活动、经济现象是多方面的、“立体的”，从而可以抽象地从某一侧面对其进行研究；但若理论仅仅看到了问题的某一方面而忽视了问题的其他方面，这些理论就会不可避免地陷入片面性之中，并且往往会得出一些错误的结论。然而，在人类认识发展或一门科学的发展过程中，在人们获得对研究对象的细致、深入的总体认识之前，总会出现一些片面地、孤立地研究问题的某一方面的理论；而只要这些片面的理论，深入地考察和揭示了某一方面的具体关系和具体问题，它就为整个科学的发展提供了有益的思想材料，从而具有不可否认的科学价值和积极意义。

在各种理论的相互争论和相互批判中，经常听到的说法是，某种理论在整体上是错误的，或者其理论的"基本内容"是错误的，但在"个别"问题上，在个别方法上，包含着正确的、科学的因素，可以借鉴。这是一种似是而非的说法。一种理论，特别是在逻辑上自成体系的理论（我们不否认在有的理论中存在着自相矛盾或概念混淆等错误），其意义和价值就在于它的"整体"、它的"基本内容"，在于这一整体所提供的特殊思想材料；个别观点或个别的分析方法可能是"中性的"，为各种理论所共有，从而它若不与某种理论的整体和基本内容相联系的话，就可以不把其当作这一理论的特有内容来看待，因此说这些中性的东西是"错误的理论体系中的科学因素"，无异于在说"由于猪肉和小麦中都包含着蛋白质，因此猪肉中包含着小麦的因素"。比如，经济学中的边际分析方法，不过是研究数量关系的一个一般的、"中性的"数学方法，用它研究数量关系的话，它可以为任何理论所使用。它只有在与边际效用理论相联系、与边际生产力分配理论相联系时，才构成新古典主义理论的内容；

而当它用于“利润率递减趋势”、用于级差地租分析的时候，则构成马克思主义理论的内容。因此，如果说只有像边际分析方法这样的东西是作为错误理论体系中的新古典主义的“科学因素”的话，那么即使我们“借鉴”了它10000次，也还是没有从新古典主义这个特殊的理论体系中借鉴到任何东西，还是没有承认新古典主义理论作为一个理论体系所具有的科学价值（当然，不容否认的是，新古典主义理论对于数学方法在经济学中的应用做出了特殊的贡献，目前其他理论中所使用的数学方法，许多都是最先在新古典主义理论中发展起来的）。其他一些问题也是这样，如生产函数（本身只是对技术关系的描述）、市场供求与价格的关系（本身只是个市场经济的客观现象）等，各种理论都可以包容，关键在于如何利用它们，如何解释、从哪个角度来说明它们，而并不在于是否包含着这些东西本身。因此，说它们是一种理论体系中的“科学因素”，并不意味着就承认了这种理论的科学价值。一种理论是否具有科学性，是否包含科学的因素，最主要的还是要看它的基本理论、基本方法，它的最本质、最具特征的东西，是否为科学的发展提供了新的、有价值的思想材料。因此，用“片面的科学性”这一概念，而不是用“错误理论中的科学因素”这样的概念，去认识、理解我们现在讨论的各种理论的科学价值和相互关系，不仅更符合理论的实际情况，也有益于我们在理论的发展过程中真正科学而充分地利用各种理论的成果。

三　经济学与伦理学："不讲道德"的经济学

相当长一段时间以来，经济学家经常发现自己被卷入关于道德的争论。许多人（包括一些其他学科的学者）认为，经济学家也应该"讲道德"，不能只鼓吹"赚钱""利润最大化"；不少经济学家也在呼吁经济学要讲道德。但我想说的是，经济学虽然离不开"道德"、价值体系之类的概念，但它本身不研究道德问题；经济学家作为社会公民的一分子，应该是有道德的；作为一般意义上的知识分子，甚至也应该做传经布道的工作；但作为经济学家，谈道德是"不务正业"。

经济学的分析离不开道德、价值与伦理观念。其一，作为经济学最基本概念之一的"效用"或"幸福"本身，就包含着个人（任何一个人）对什么是幸福、什么是痛苦、损人利己是否幸福、助人为乐是否是"傻帽儿"等一系列问题的价值判断和伦理尺度。其二，即使"效率"这样似乎十分"价值中性"的概念，本身也包含着价值判断。比如所谓的"帕累托效率"的概念（这是现代经济学中所使用的最基本的效率尺度），本身就包含着价值判断。因为，当它承认某个人的境况变好、变坏或不变的时候，它承认只有个人才知道什么对他是好的、坏的，什么对他是幸福的，什么对他是不幸的，别人的价值判断对他无用。其三，同样非常重要的是，经济学承认，在人们判断自己幸福不幸福的时候，不是孤立地只想自己，而是也会把自己与别人的相对处境、相互关系考虑在内，"相对收入"或"平等与否"会是人们衡量自己幸福与否的一个重要内容，而别人的幸福与否也会成为一个人自己感觉幸福与否的一个重要因素。其四，道德或价值体系不仅是人们行为目标的基础，而且构成了人们的行为约束。这主要是指在社会中占优势的、较为普遍被接受的道德规范对某一个人行为的约束作用。

以上分析表明了经济学的分析是如何离不开道德、离不开价值判断。如此看来，经济学不是很讲道德吗？其实不是。经济学的界限在于：它只是在给定的（由别人给定的、由别的学科给定的或者就是由社会给定的）道德规范和价值体系下进行分析。它是把人们（个人或社会）的“偏好”“口味”“价值观”“生活目标”“社会公德”“平等观”等当作“外生的”、在经济学体系之外决定的东西来看待，当作自己分析的前提条件接受下来，然后在某种（任何一种）给定的道德准则、社会规范等的范围内，进行经济学分析，告诉人们如何行为、如何选择、如何决策、如何配置资源，才能最大限度地实现自己的目标、增进自己的幸福；告诉人们，在目标和利益相互冲突、相互约束的个人之间，如何相处、如何妥协才能实现某种“均衡”（“市场均衡”的真谛在于利益的平衡），达到冲突双方或冲突各方的利益最大化（“最大化”的真谛在于“不能再大”）；等等。在这个过程中，经济学事实上也就把不同的社会标准、道德价值观念等作为不同的外生变量带入了经济学分析，指出它们的差异如何带来经济行为的差异和经济后果的不同。

但是，经济学本身不谈道德。第一，它不对一种（任何一种）价值观的好坏做出评价；第二，它不研究各种道德观形成的历史；第三，经济学本身不研究如何改变道德规范，特别是不研究如何通过道德教化、思想教育等来改变人们的价值观、道德观，并通过这种道德说教活动来改变人们的经济行为和社会的经济结果。

从这个意义上说，经济学是十分谦虚的：它不打算改变“人性”，而只满足于把现存的“人性”接受下来当作自己分析的前提。经济学不想“越俎代庖”，去干伦理学家、哲学家、文学家、政治家、传教士以及各种思想工作者的工作。经济学的谦虚，在于它不想改变人性，但绝不否定“改变人性”这个艰巨任务的伟大，不否定伦理学、哲学、文学、政治、宗教等的重要意义或重要的社会职能。只是由于社会分工不同、职业分工不同，经济学不去做其他学科所做的事情罢了。

经济学提出的政策建议或制度设计，不依赖于道德水平的高低，而宁可假定人们在道德水平极低的前提下进行工作，反倒更现实，也更“保险”。从所有这些意义上，我们说，经济学作为一门特定的学科，经济学研究作为一种特殊的职业，它不讲道德，也不该讲道德；经济学家不应该不务正业，去做哲学家、伦理学家、文学家、政治家、牧师等在其职业领域内该去做的事情。

《“不道德”的经济学》①一文发表之后，引起了不少争议与批判，一些人是不太明白经济抽象的分析方法，但其实很多人（包括一些经济学者）是根本没有看原文，只是望文生义，甚至是望标题生义，说我公开宣扬经济学家不讲道德。我也不想争论，不过后来借着一个“更正”的机会，在

① 樊纲：《“不道德”的经济学》，《读书》1998年第6期。

《读书》杂志上发表了这样一段文字（大意）："把话说白了，经济学家要是把问题归结为道德沦丧，是在批判小民，而把问题归结为制度缺陷，才是批判权贵！"这段文字发表后，学术界的人好像就不再说我没道德了。

四 理论研究VS政策研究

我从事的研究可以分成两大类，一类是理论研究，另一类是政策研究。理论研究偏重于学术、方法，政策研究则偏重于解决实际问题。比如，我现在负责的两个研究机构——国民经济研究所和综合开发研究院（中国·深圳），就都是侧重于政策导向的研究。前者每年参与政府的五年规划落实的评估，宏观政策、货币政策、财政政策分析；后者专注于地方政府很多问题的研究。

就我而言，理论研究与政策研究在不同时期有不同侧重点。我早期当然比较重视理论研究，这也是必要的。我现在一直建议我的学生，在上学期间，特别是职业生涯的初期，一定要高度重视理论。要读书，要读理论书，要读将来没有时间再去读的那些文献，这样才能打好一个基础。我当年的博士论文写的是《现代三大经济理论体系的比较与综合》。这个东西，你一旦想透了它，把它写出来了，把它想明白了，它就成为你的基础了。但是，因为中国也在改革开放，确实面临很多现实的问题，也需要去做分析，所以我逐步转向了理论和实际相结合的研究，比如我写的那本书——《公有制宏观经济理论大纲》，还有后面做的一些关于转轨经济学的分析，以及近期关于发展经济学、制度经济学的思考。由于我现在需要负责一些管理工作［包括国民经济研究所、综合开发研究院（中国·深圳）、中国经济50人论坛等］，事情越来越多，做理论研究的精力就越来越少了。

理论研究与政策研究是相辅相成的。二者并没有完全清晰的分野，特别是很难将理论研究和政策研究完全分开来。因为理论研究中，也往往涉及政策的关注点，否则很多理论就找不到靶子，没有问题导向，容易变成无的放矢或空中楼阁。而政策研究，如果没有理论逻辑和分析框架，没有理论的宏观把握和穿透力，也往往失之于就事论事、无法深入，不能真正解决实际问题。

尽管如此，认识到理论与政策之间应该保有一定的距离还是非常必要的。因为距离有助于保证研究的相对独立性，否则人云亦云，或者只是做一些政策的解释工作，作为学者的作用就大打折扣了。经济学需要有自己的独立人格。

20世纪90年代中期，一批非官方的研究智库开始出现。这包括天则经济研究所、北京大学中国经济研究中心以及1996年创建的国民经济研究所。创办国民经济研究所这样一个研究所，是我在访问美国国民经济研究局时就产生的想法。它是中国第一批非政府、非营利性的经济理论与政策研究机构之一。20多年来，国民经济研究所秉承独立、客观的学术精神，专注于深度研究与中国经济发展和经济改革相关的重大经济问题，为中央政府提供前瞻性的政策和改革建议，为企业精英提供及时、独到的咨询分析，并不懈地通过媒体向大众传播最新研究成果和经济思想，引领改革呼声。这包括月度宏观分析、季度宏观分析、中国市场化指数的编制与研究、系列工作论文等，为世界了解中国和中国走向世界起到了具有高度影响力的意见领袖和知识桥梁的作用。在中国非政府学术机构的发展环境还十分有限的情况下，国民经济研究所20多年来所坚持的独立、前瞻、积极谏言、影响社会的办所理念，为中国的民间“智库”发展开了实践的先河。

后来，我又受聘为综合开发研究院（中国·深圳）院长。综合开发研究院（中国·深圳）是经国务院批准，于1989年2月在深圳经济特区创办的国内第一家综合性、全国性的社会智库，现在是25家国家高端智库之一。国家高端智库就要给国家提出各种政策建议，那就更偏重于政策，就是说你要提出政策建议来。要提出可实施的政策建议，那就更需要面对实际，更需要对实际的问题有比较深入的了解。这就不是我一个人能做的事了，要组织大家来做。

还有，就是中国经济50人论坛。1998年6月，刘鹤同志找到我和易纲，提议发起中国经济50人论坛的组织工作。中国经济50人论坛很快成立了，这个平台聚集了大多数有影响力的经济学家，至今仍对中国经济决策发挥着极其重要的作用。中国有一个特点，政府官员在政府部门里面要长期运作，因此会对一些领域有很深的了解和很长时间的经验积累。这就出现一种情况，有些官员很有学术背景，但是他熟悉的领域恰恰是别的部门，他的博士论文或者研究的领域可能是其他部门管的事，对这一领域他有想法，但是他不能随

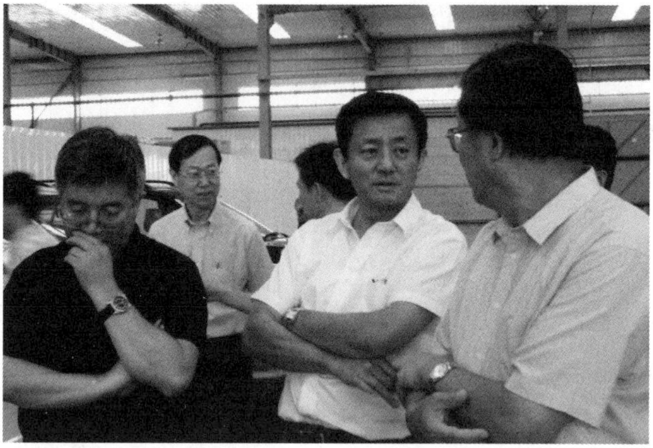

2008年樊纲（前右二）与中国经济50人论坛成员一起在地方考察

便去评论别的部门的事。因此，这些官员在论坛机制当中可以成为正式的成员，而且可以经常参加讨论。这是一个好的中国特色，在中国目前这种体制下，是能发挥大家的聪明才智参加各种讨论的一种机制。所以我们中国经济50人论坛主要的发起人也是政府人员，大家一起来做这件事情。

回顾整个20世纪80年代，我基本上都是在埋首书斋。而书斋之外，则是火热的改革事业。作为经世致用之学，那个时期，经济学界完全被改革实践点燃，大家热衷于献计献策。我在导师的敦促下，刻意与这股潮流保持着距离，系统地阅读各家学说，钻研经济学基础理论。

那个时候，经济学以及经济学家都沿袭着旧的路子：经济学更关注政策探讨，经济学家则以“上折子”、当“智囊”为荣，而对于基础理论，对于经济学独立的品格，则重视不够。针对这种风尚，我明确提出“首先忘掉第二个任务”。这个口号非我首创，而是来自德国弗赖堡学派经济学家瓦尔特·欧肯。欧肯认为，社会科学有两个方面的任务：一是研究“实际的、历史上既定的世界”，把对事实的实证性的科学探讨与价值判断区别开来，不带偏见地研究现实。二是提出政策主张以实际地解决经济问题，“塑造社会”或“塑造各方面的秩序”。这个观点相当于马克思所说的“认识世界”和“改造世界”。在这两个方面的任务中，第二个任务无疑构成了经济学的目的；真正的经济学家总是以“经邦济世”为己任的。欧肯特别批判了当时德国法学界和经济学界存在的那种“根本不想影响决策”、不想完成第二个任务的经院主义气息。但与此同时，他又指出，要想完成第二个任务，就要首先“忘掉它”，致力于完成第一个任务。在当代经济学的各流派中，真正用自己的经济学说指导政府并取得了经济政策上的成功的，只有弗赖堡学派这一家，其比整天叫嚷政府干预的凯恩斯主义者成绩更为突出。弗赖堡学派的这个思想十分符合我当时的心境。对我来说，首先是科学地认识现实世界，获得对现实世界各种相互联系的正确、全面、规律性的认识，从理论分析中得出“政策方向”，然后才进行政策分析。先有政策，然后才进行理论研究的路向是不可取的。可是这种路向在当时却是盛行的。

中国的经济学还有待发展。经济学家们除了要搞好基础理论的学习与研究之外，还要努力把经济学当作一门学科、一门专业、一个职业来加以发展，积极建立起这一学科自己独立的“人格”、独立的评价标准、独立的价值体系。世界上许多著名的社会科学研究机构都“标榜”自己非党派、非政府、非营利，这是要标榜其研究成果的客观、公正，也是要表明我们这里是一个独立的专业、职业，不要把政府、政党、企业的标准套在我们身上。以前我们一方面总听到有人要求我们为某种政治目的服务，要求我们隶属于什么，另一方面许多研究人员自己也总是自觉不自觉地跟在非学术的运动后面跑，使自己的研究从属于某种“派别”，以致搞研究的目的也是“升官”，为了“得势”，而不是追求真理。这也是我们经济学自己的独立“人格”迟迟不能建立起来的一个重要原因。

经济学的独立人格建立在一套自洽的理论系统的基础上。经过上百年的发展，经济学已经成为一门拥有一套复杂的概念、定理、公理的知识体系的学科。而且，经济学内部学派林立，体系纷繁，要掌握这套系统，绝非一日之功。即使通过系统的学习，也未必能够一窥堂奥。如果不在基础理论上下功夫，是不可能走到前沿的，也是无法创新的。有些自认为是创新的东西，其实只不过是前人成果的重复而已。

因此，建立经济学的“人格”，需要在经济学的基础理论方面下功夫。为此，首先忘掉第二个任务是必要的。但是，建立经济学的独立“人格”，需要从理论上说清楚两个任务之间的关系，即经济政策与经济理论之间的关系。

这个问题即使在发达国家的经济学家之间，也不是没有争议的。他们同样面临着理论与实践的矛盾。经济学家从自己的理论出发，提出政策改进方案，但是他们发现，现实中的政府往往并不按照经济学家们的愿望和开出的“药方”办事，政府采取的政策措施，往往不是使社会福利最大化，或者有利于社会上的大多数人，而是往往只有利于少数人或个别利益集团，从而使事情变得更糟。比如，西方国家实行的"政府管制"，按照理论家们的主张，应该限制垄断，鼓励自由竞争，或者使竞争更有效率。但在实践中，人们所看到的政府管制，往往恰恰是限制了竞争，维护了垄断。

那么问题出在哪里呢？是理论本身有问题还是政策有问题？实际上，问题并不是出在经济学家身上，而是出在实践和政府决策过程上。根据公共选择理论，政府的决策过程是一个交易过程和交易制度的产物，是一种交易契约达成的过程。在此过程中，每个人都在追求自身利益，而最终结果取决于各种势力的力量对比，而不取决于某一个集团本身（无论是民众个人还是政府官员）的选择。政府官员的决策本身也应被视为社会交易过程的一个环节和一种结果，因为它的决策范围、决策目标和决策方式等，本身是受社会中各利益集团（包括政治集团本身）的相互关系限制的。

如果说问题出在政府的决策过程上，而不是理论和理论家身上，那么，一个自然的结论便是经济学家首要的任务，就是发展经济理论本身，需要从理论上澄清问题。

具体到中国的实际，这个问题，就是经济学与政府、与官方的关系问题。经济学的独立人格的建立，就是经济学要与政府、与官方保持一定的距离。

从事经济理论研究的人，应当明确两点：第一，经济学研究，是一个特殊的但同样平等的职业，与从政、经商等是一样的。当一名好的教授、研究员，与当一名好的政治家、企业家，是"等价"的，用不着去"巴结"别人，总看着别人比我们"风光"。第二，理论家要努力去用自己的理论

"指导实践"，而不是去听从别人的"摆布"。

不应把这种观点理解为经济学家完全不与现实发生任何关系。经济学家完全可以只为某个利益集团说话，完全可以听某个派别的话，按照某个派别的"文件"说话。但是，这就需要你在发表的每一篇文章之前都注明究竟是仅仅代表自己还是想代表政府说话，把"角度"先搞清楚，以避免产生混淆。

经济学理论原则上是"中性"的，经过适当的应用，可以为政治、政党、私人、企业等服务，经济学家也可以改行去从政、去经商，也能通过这种"改行"为社会做出自己的贡献，有的人把经济学当作"敲门砖"，志在"从政"，这本身无可非议。我所强调的是，即使要这样做，也要认识到经济学本身首先应该是一种科学专业。

事实上，经济学家的"无用"与"可爱"同出于"书生气"。"不食人间烟火"的人，自然不会知道实际上如何生烟点火以成美餐；但若完全没有不食人间烟火的"圣贤"，天下恐怕又会过于"乌烟瘴气"了。没有"全民利益"这个"参照系"，在理论上往往很难清楚地说明一项政府管制措施究竟主要代表了哪个利益集团的特殊利益；而没有经济学家在"管制委员会"之外的"大声疾呼"（毕竟，一个理论家的呼声多少总会比一个普通公民的呼声更容易被人听到和听进去），现实自发达到的"均衡点"恐怕离全民利益最大化更远。从长期的全民利益或社会福利最大化的角度分析问题，并以自己的观点促进效率的提高和社会的进步，确实应该说是理论经济学家（也就是那些忠于"大学"价值标准的经济学家，有别于公司经济学家或政府经济政策研究家）的

“天职”或“职业道德”。不过重要的问题还是在于：作为理论家，需要清楚地认识到，理论上最美好的东西，往往正是那些只具有“参照系”意义的东西，而现实世界并不总是按照最美好的方式运行；不能跳出某些习惯的思维方式，便不能正确地说明实际中发生的许多现象，或者只能把许多经济问题归结为某些“偶然的错误”；而若不能正确地解释现实（这应是理论的首要任务），也就不能找出解决实际问题、改善现实状况的切实可行的办法，设计出的“理想模式”再完美，在实际中人们却总是不按“应该”做的去做。“除非我们已正确地揭示了政治生活的基本机制，否则改革者将在缺乏有关知识的情况下去利用国家进行改革。……经济学家应在理性政治行为理论的基础上，尽快地使自己能为实践改革颁发‘执照’。”①

作为严肃的理论工作者、研究者，这些年来最重要的一个教训恰恰是要坚信理论、逻辑的力量，坚信客观规律一定会不以人的意志为转移地为自己开辟道路，坚信有时“理论比实际更正确”。这似乎是老生常谈了，但还是有许多人，包括一些经济研究者，会对此产生怀疑，或是总相信（或希望）经济学的规律只在别人那里适用，而“我们就是不一样”，就是有“特色”，从而丧失理论的一贯性甚至自己行为的一贯性。比如，从马克思到哈耶克，从马歇尔到凯恩斯，从科斯到诺斯，没有哪一家经济学不认为产权关系最重要，“所有制关系是一切经济关系中最重要的、起决定作用的关

① ［美］施蒂格勒：《产业组织和政府管制》，潘振民译，上海三联书店，1989。

系”（马克思语）。但还是有一些人，人云亦云地认为产权是不重要的，技术、管理等才是最重要的，总希望不解决产权改革的问题就可以从根本上解决我们的种种体制弊病，直到其他一切都试过了，不灵，才又回过头来看产权关系。产权关系因利益矛盾一时改不改得动是一个问题，经济问题的根源是否在此、是否早晚一定要改，是另一个问题。实践中可暂时不改，但理论上不可一刻不谈，否则就是理论家的失职。40多年的实践已经证明，不论人们愿不愿意，不论理论家们是否犹豫不决，不论现实中存在哪些障碍，产权改革早晚都要发生，不是以主动的形式发生，就是以被动的形式、“被逼”的形式发生。有些领域还没有发生或者目前看上去还很难发生，因此又导致一些经济学者费劲地做出这样或那样“特殊的划分”，但我相信，它早晚还是会不以人的意志为转移地发生。理论家要做的是“事前”通过理论分析揭示出规律，使人们为即将发生的事做好准备，而不是“事后”不断修正自己的理论观点。

五　生活中的经济学

作为普及经济学知识的一种努力，我这些年来发表过一类我称之为“经济学杂文”的文章，后来比较全面地收录在广东经济出版社出版的《走进风险的世界》论文集中。而以这种文体写成的第一本书，就是1993年北京出版社出版的《求解命运的方程——一位青年经济学家关于人生的说法》

（后广东经济出版社再版时改名为《经济人生》）。《经济人生》一书多次加印、再版，2013年出版20年后东方出版社又一次再版。所以在这里其他论文就不多做回顾了，仅介绍一下这本《经济人生》的内容与结构。

《经济人生》的基本想法，就是要用经济学的一般原理来分析我们的百味人生与万千世相，用经济学的逻辑体系，将我们人生中所面对的问题进行一些系统的梳理与分析；就是想告诉人们，经济学的一般原理，因其一般，所以普遍，既可分析历史，也可分析当下，不会因时过境迁而失去效力。分析的实例总是具有历史的特点，但其中的一般道理没有什么两样。无论何时，我们都在努力地追求自己一生幸福的最大化或痛苦的最小化，我们都在问“什么是幸福？”“你幸福吗？”或者“为什么我不幸福？”（经济学的基础性的也就是“深层次”的分析变量其实不是金钱，不是收益与成本，而是“幸福”与“痛苦”）。我们每天都在做着两难的选择（“经济学就是关于选择的科学”），只不过20多年前由于社会制度的局限，我们的选择范围小一点，今天人们面临的可能是“八难选择”（其实最初是“八难”，经过两轮筛选后真正面临的还是“两难”）；我们的每一个决策，小到买件东西，大到就业应聘，都面临着各种“预算约束”——这是对各种约束的一个统称，包括金钱的约束或能力的约束、资源的约束或制度的约束。20多年前的贪腐行为与今天的贪腐行为有着不同的规模，但腐败行为是“利用公权谋私利”这一本质没有什么两样。社会对我们每个人的重要性，总是在于你争取个人利益最大化的时候，会面临社会其他人也要争取他或他们利益最大化这一前提条件的制约；你与上级和同事的矛盾、那些你死我活的公司政治，不过就是这种利益冲突的不同的具体表现而已。自己少年不努力，不能不断改进和提高自己的生产力，就没有市场竞争力，在激烈的竞争中就会被淘汰；社会可以给你一些“保障”，但你还是会在差距中处于劣势；等等。尽管表现形式有所不同，我们20多年前所面对的问题，与今天的年轻人所面对的问题，本质上是一样的。作为一名经济学者，我在《经济人生》一书中隐含着一个愿望，就是希望大家都能学一点经济学知识，这或许会使我们活得更“明白”一些。它不一定能解决你的问题，但总能在一定程度上解释你的问题，并给出一些“政策建议”。纠结总是有的，但总是可以少一些困惑。掌握一些经济学原理，我们就可以举一反三，对今天的事情多明白一些，20年后也可用来分析那时的现象。

长期以来，在谈论人生的各种论著中，一直缺少一点“经济学”的声音。人人都有一份并仅仅只有一份人生，因而人生总是大家共同关心的一大主题。每个人都可以并且确实经常“业余”或“专业”地谈论这一主题。在人文社会科学诸学科中，经常谈论人生道理的大概有三种人：哲学家、社会学家、心理学家。而在社会上，“人生问题”的职业谈客，便是作家、社会教育工作者、教师、牧师、神父等。比如说作家，包括小说家、诗人、报告文学家、散文小品文家等，他们用记录下或创造出的形象来刻画人生，把自己对人生的理解与感受写进作品中去，用张三的嘴赞美，用李四的嘴骂人。又比如社会教育工作者，以青少年为对象，用正面教育的方法，向那些未成熟的心灵，灌输一些鼓励人们“天天向上”的生活哲理。但在这众多声音中，经济学的声音历来十分微弱。人们（包括一些经济学者在内）通常把经济学单纯地理解为：（1）对国家、社会来说，是如何管理国家经济或经营企业的学问。（2）对个人来说，是如何“发财致富”的学问。其实，经济学很早就被人们定义为一门“选择的科学”。许多经济学家还有一种更为广义的经济学的定义，即它是研究人类行为与效果关系的科学，属于“人类行为效果学”。它研究一个社会、一个企业、一个组织或个人，如何在各种内部、外部、主观、客观条件和标准的制约下，根据自己想要达到的一定目标，进行理性选择，从而以最小的成本、最少的代价取得最好的效果。经济学的一切定理、规律、结论，都是建立在个人或个别企业、个别政府的行为和选择的基础之上的，因此它从各个方面来说都十分适合于对人生或人的行为进行分析。所以我很纳闷，众多的经济学家怎么在这么长的时间里忽视了这么大的一块“阵地”不来占领，因而也来谈论谈论“人生”这个“有人在便有阵地在”的永恒主题。

世上的人们，各人有各人的能力，各人有各人的条件，各人有各人的兴趣爱好，但各人都可以在自己特殊的条件下追求自己独特的生活——各种不同的“活法”都有其独特的意义，从而在任何平凡的生活中，都能够体验到同样有用的生活道理。经济学有时看上去很复杂、很深奥（有时是被经济学家们自己搞得很复杂、很深奥），其实它的一些基本道理，说破了之后是很通俗易懂的，就存在于我们身边，存在于你我之间。同时它也是很有用的，许多其他学科的研究者长期纠缠不清的问题，用经济学的方法一分析就会变得很清楚。搞经济学的人（像我自己），不一定能升官、发财，也不一定活得很好（经济学其实是研究别人——也就是社会——如何“发财”的学问，而不是自己如何发财的学问，研究自己如何发财的学问是“商业管理”），也不是整天研究怎么做经济上的“算计”、告诉别人该怎么“算计”或怎么“选择”的人。搞经济学的人自己的生活可能一塌糊涂，但经济学对于理解社会、理解人生、理解自己以及自我解嘲是很有用的。生活是一个复杂的多面体，有时复杂得令人困惑。因此，多一个角度、多一种理论、多一种方法对其进行分析，总会使我们加深对它的理解，活得更“自觉”一点。

因此我想这样一种以“生活中的理性选择”为主题、用经济学原理来分析人生百态的尝试，可能不无价值。

这不是一项严格意义上的学术研究，因为我不想，也不大可能从《经济人生》这本书的写作中提出什么新的理论命题。但此书的内容与结构，是符合一定的理论逻辑的：它实际上是在一般的经济学理论体系的框架之下，分析人世间的一类特殊的问题。因此，这本书各章“生活化”的标题，其实可以转化为以下这些“标准化”的经济学教科书标题：

第一章　导论：稀缺性与选择的约束条件

第二章　效用与偏好

第三章、第四章、第五章　目标函数的多样性

第六章　“外部性”

第七章　生产要素与生产函数

第八章　需求与供给

第九章　投入与产出

第十章　预期与风险

第十一章　市场均衡

第十二章、第十三章　具体案例的综合分析

从具体素材的选择上，应该说此书具有较大的随意性，在每个理论环节上都只是用一些信手拈来的实例加以说明。因为我想如果理论具有普遍的适用性，它就可以对任何一个无论是大还是小的实例进行分析，只不过不同的事例能够更突出、更明确地说明不同的道理。我不想旁征博引、仔细考证，只是把我自己的一些认识写下来，并放到适当的理论位置上去。既不想写多了文字挣稿费，也不想板起面孔故弄玄虚，只是想以一种较为轻松的方式说说经济学的道理。尽管如此，写作中自己最感不足的还是对文献了解太少。原因是自己平时并不大读关于人生的论著，对别人已有的论述知道得不多。相应地，“辩论”的味道也就不那么浓。

在举例的时候，自然不免举些自己的经历与体验方面的例子，作为“现身说法”。从根本上说，这倒不是为了满足最初约我写书的北京出版社编辑杨刚的愿望，即希望我写一本个人回忆录式的书，谈谈个人的成长经历，而是论题本身的要求：经济学认为，每个人的行为选择，都是建立在他个人对什么是幸福、什么是痛苦的价值判断的基础上的，而每个人的“价值观”（或称为“偏好体系”）是主观的、个别的、因人而异的。因此，严格地说，我们当然可以从人们的行为结果来推断他的价值标准，但真正在选择、决策的心理过程中的个中奥秘，只有我们自己知道。因此，阐明理论的最好办法就是把握自己经历过的一些事情、一些决策，作为一种个案引入分析。正因如此，我不仅在此书的各个章节中散乱地提到了一些自己的经历，还在最后，用两个自己个人经历中最重大的“选择”（“为什么回国”和“为什么不下海”）作为案例，做了些专门的分析。当然，所有的案例分析只起着举例的作用，只有它们当中的某些具有一般性的道理，才适用于其他的情况、其他的个人。这种举例的方式，不过是为了让读者更易于了解如何运用经济学的原理和方法，去分析一下自己那份独特的人生。

值得注意的是，经济学承认人的“幸福观”“价值取向”或“偏好体系”是各不相同、因人而异的，这构成了经济学认为“各种活法对个人都可以是一个好的活法”的理论基础。这也是经济学比较“宽宏”的原因。正因如此，《经济人生》一书的主要结论之一，是“各种生活选择都可以有其合理性”，而不是想“教导”人们按一种模式去生活。对于经济学者来说，最难以接受的就是那种理想主义者或专制主义者（这两者其实很容易相结合），他们看这不顺眼，看那也不顺眼，只有天下人都听他们的话，按他们以自己的标准设计的“正人君子”的模式生活、行为，才能使他们稍微心平气和一点。经济学想做的，只是提供一些分析问题以便更好地进行选择的方法，它本身的任务不是改变人们的价值判断标准。换句话说，我在这里只想“传播”一点知识，把问题揭示出来给大家看，而绝不想“教导”人们如何生活。我们每个人都有自己对生活的理解，都有自己所面临的特殊情况。分析的方法是可以普遍适用的，却没有普遍适用的结论或者药方。

附　　录

附录一　代表性论文

第一篇

灰市场理论

“灰市场”一词源于一些有关苏联经济的报道。据称，国营商业为“红市场”，自由市场为“黑市场”，而那种靠关系或“后门”购到商品的交易方式为“灰市场”。

本文将“灰市场”或“灰市关系”作为通常所谓“走后门”等一类经济关系的经济学“学名”加以使用，并赋予其特定的理论含义。在分析、揭示灰市场在运行方式及经济后果方面的特点之前，在此先对其下一个“否定式”的描述性定义，以明确考察的范围。所谓“灰市场”，是指现实中存在的那一类既不是按照国营商业流通的原则和方式进行的（比如，就短缺消费品而言，不是以排队方式或按定量购买），也不是按照竞争市场的原则和方式进行的物品交易关系。

灰市场形成的基本前提显然是相对于国家固定计划价格（以下通称“牌价”）的市场短缺。这个条件中既包含物质条件（短缺），也包含制度条件（牌价）；而在“牌价”这一条件的背后包含着的更具体的内容是，由于短缺商品在一定范围内（甚至全部）可以出售给任何消费者，因此就存在着掌握商品销售权的个人得以在销售过程中给予特定的消费者以购物优惠的客观可能性。

“灰市场”概念的一个优点，就在于“灰色”这个修饰词在这里颇为适用。一方面，从客观上说，灰市关系本身是“合法”还是“非法”，在一定程度上是“不青不白”的；既然把商品批给谁或卖给谁都可以，就很难说批给或卖给某一特定买者就是不合法。另一方面，从主观上说，“灰市场”一词较少“定性”色彩，它是中性的，因而可以使我们首先避免价值判断而集中于实证分析。不过，在使用“灰市场”概念的同时，我们并不采用“红市场”和“黑市场”的概念（这些概念显然是特定历史条件下的产物），而仍使用经济学已有明确界定的概念：国营商业和竞争市场（广义地说，竞争市场包括垄断市场，非垄断市场则称为完全竞争市场）。

迄今经济学理论已经为我们提供了：（1）国营商业或计划流通的理论，包括现代非均衡理论中关于计划市场的理论；（2）竞争市场理论，即现代一般均衡理论；（3）二元经济理论，即关于计划市场与竞争市场同时存在的经济理论。但至今我们尚未见到对灰市场这种既不属于国营商业又不属于竞争市场，也不是二者并存，但又与二者有一定联系的特殊经济关系进行分析的经济理论。本文的任务便是将“走后门”一类交易行为当作与国营商业和竞争市场一样的一种客观存在的经济关系来进行实证性研究。它在目前已是一种不断重复发生的、在全部“交易额”中占有相当大比重的客观存在——大量商品就是按照这种方式实际流通的，因而在整个经济中有其特殊的经济后果，许多重大的宏观经济问题都与之有直接的联系。经济学必须建立起相应的理论对其进行实证性的分析，才能科学地说明相关的经济问题。

一 互惠式灰市关系：市场分割与短缺集聚

1.1 互惠关系

假定甲、乙两人，甲可以搞到在国营商店柜台上买不到的“平价云烟”，乙可以搞到同样在国营商店买不到的“平价汾酒”。二者相识后，双方根据对方的需求量，甲为乙搞云烟，乙为甲搞汾酒。我们称此为“互惠关系”。这种互惠关系是灰市场的一个具体形式。它的特点是不涉及供给方面的问题，因此对它的分析有利于我们首先说明灰市场的某些性质和它在需求方面的经济后果。

1.2 “灰市场交易权”

并不是随便什么人都能进入灰市关系。这在互惠关系中表现得最为明显——一个人必须能够“搞到点什么”，这是他进入这种特殊关系的前提。因此，对国营紧缺商品（既包括消费品，也包括生产资料产品）的批售权构成了“灰市交易权”，或者说成为了灰市关系的“入场券”。当然，批售权本身只是一种潜在的或可能的灰市交易权，只在有人利用它从事灰市交易时才构成实际的灰市交易权。

在非互惠的场合（这是下一节的分析对象），有一方不能为对方提供什么紧缺商品。这时，对他来说，能进入灰市关系是由于他与对方“认识”。也就是说，“与能搞到紧缺商品的人有个人关系”构成了另一种灰市交易权。对仅拥有这种交易权的人来说，他或许要给对方“送礼”。但这是他为对方给予的优惠所交付的代价，而“送礼”本身并不构成交易权——“送礼也要有门”，若不认识对方，礼再多也不能进入灰市，可见关键在于“认识”。一个人花费时间、精力去“找后门”、拉关系，或者为介绍自己与某人相识的第三者送礼，可以认为是为“购买入场券”付费，但这显然是另一回事（本文中我们对这种付费及其收入效应和替代效应不予考察）。在互惠的场合，实际仍有上述两种灰市交易权的存在，只不过是“双边的”：甲、乙双方既都能提供某种紧缺商品，又相互认识。

我们称在灰市交易中提供商品的一方为“灰市卖方”，称购得商品的一方为“灰市买方”。

1.3　互惠无须加价

一般地说，灰市卖方为买方搞到了紧俏商品，是对买方的一种特殊优惠或照顾；作为回报，买方或是要事前送礼，或是要事后还情。从买方来看，所送的“礼”（无论是实物形式的还是货币形式的）是他的收入中的一部分扣除，亦是他为购得一物而多支出的一个价值量。因此，无论形式如何，理论上可将这“礼物”视为购买一物时的一种“加价”，我们将其称为“灰市加价”。

然而，在互惠情况下，送礼这项额外支出一般说来却是不必要的。投桃报李，互济互利，所欠“人情”在交易全过程中相互抵消；即使双方相互送礼，也是有得有失，对双方不产生任何收入效应。无须加价，可视为互惠式灰市关系的一个主要特征。

1.4 均衡局部与市场分割

由互惠无须加价可以立刻引出两点结论：第一，在这种互惠交易中，对这特定的甲、乙双方来说，国家计划牌价就是交换的均衡价格。第二，在此交换过程中，非均衡理论中所说的“理想的需求”与供给相等；对交易中的任何一方来说，短缺并没有使他们对有关商品的需求发生任何减少或限制，也不产生任何“外溢效应”。

这样，在互惠条件下，我们例子中的甲、乙两人，在整体上短缺的经济体系中，构成了一个均衡交换部分，我们称其为非均衡体系中的“均衡局部”。由于所涉及的至少有两种商品，这种均衡具有一般交换均衡的性质；但它又仅是整个经济中的一个部分，因此，我们称这种均衡为“局部一般均衡”[①]。相应地，这时的国家牌价具有“局部均衡价格”的性质。

于是，在互惠式灰市场存在的情况下，整个经济被分割为两个部分：由灰市场构成的均衡局部和由经济其他部分构成的非均衡局部。

关于这种在非均衡体系中存在均衡局部以及市场分割的情况，尚未有与之相适应的经济理论对其加以分析。这是灰市场理论与一般的非均衡理论的一个区别。

---

① 我们用这个概念与一般用于单个产品市场分析的“局部均衡”概念相区别；此外，这里的“一般均衡”都应理解为交换一般均衡。

1.5 短缺集聚

我们主要关心的问题在于：均衡局部的存在对经济其他部分的经济影响如何。

假定正常商品的个人需求函数$d_i(P)$满足$d_i'(P)<0$（i表示第i个消费者，$i=1, 2, \cdots, n$），某种商品的总市场需求为：

$$D(P)=\sum_{i=1}^{n} d_i(P) \tag{1}$$

灰市场的存在使总需求分成两部分。假定在经济中的全部n个购买者中，有m人（$m<n$）处在灰市关系中，则有：

$$D(P)=\sum_{j=1}^{m} d_j(P)+\sum_{i=m+1}^{n} d_i(P) \tag{2}$$

同时，总供给S也因此可以分为两个部分：

$$S=S_g+S_o \tag{3}$$

其中，S_g表示灰市场上的供给，S_o则为经济其他部分的供给。

根据灰市场存在的一般条件——短缺，则有：

$$D(\overline{P})-S=E(\overline{P})>0 \tag{4}$$

其中，$\overline{P}$为国家牌价，$D(\overline{P})$为“理想需求”，$E(\overline{P})$为超额需求。

而在灰市场中供求是均衡的，理想的需求得到满足，即：

$$S_g=\sum_{j=1}^{m} d_j(\overline{P}) \tag{5}$$

从总需求中减去灰市场需求，总供给中减去灰市场供给，由于减数相同，差$E(\overline{P})$不变，即：

附录

$$\left[D(\overline{P})-\sum_{j=1}^{m}d_j(\overline{P})\right]-\left[S-\sum_{j=1}^{m}d_j(\overline{P})\right]=\sum_{i=m+1}^{n}d_i(\overline{P})-S_o=E(\overline{P}) \quad (6)$$

这表明，总超额需求即短缺这时被全部“挤到了”经济的其他部分中去；原来由全部*n*个人共同承受的短缺，现在只由较少的*n*–*m*人来承受，在经济的非均衡部分，短缺相对来说加重了。我们称此现象为“短缺集聚”——它全部集聚到灰市场之外的经济其他部分中去。进入灰市场的人“享受”均衡，社会上其他人则承受全部短缺。

1.6　短缺集聚的两种表现形式

在不同的经济机制下，短缺集聚有不同的表现形式。我们仅分析两种典型情况。

第一，国营商业门市脱销，购买机会进一步减少。这是在国家控制商品流通和价格时短缺集聚的表现。由于在灰市交易中每个人得到的是理想的需求量，大于人均供给量，于是剩下的能拿到门市上出售的就更少，甚至完全没有，其他人再也不可能买到。如果实行定量限购，则会表现为限购定额减少。在我国，这种情况过去经常可见。

第二，竞争市场上的竞争价格升高。这是在国营商业仅控制一部分（牌价）商品，其余部分允许在竞争市场上买卖时发生的情况（所谓“双轨价格制”）。由于部分平价商品满足了少数人相对于牌价的较高的理想需求，国营商店平价供应减少，更多的需求转向自由市场，使竞争价格比不存在灰市场情况下要高。

以上两种情况可由图1表示。为简化分析和较清楚地说明问题，我们假定：（1）存在n个同质消费者，对某商品的个人需求函数完全相同。（2）线性需求函数。（3）灰市场购物人数$m=\frac{n}{2}$。这样，在图1中的两条需求曲线，D为总需求线；d则既可看成灰市场上的需求曲线，又可看成经济其他部分的需求曲线。我们分别在两幅图中表示两种情况。

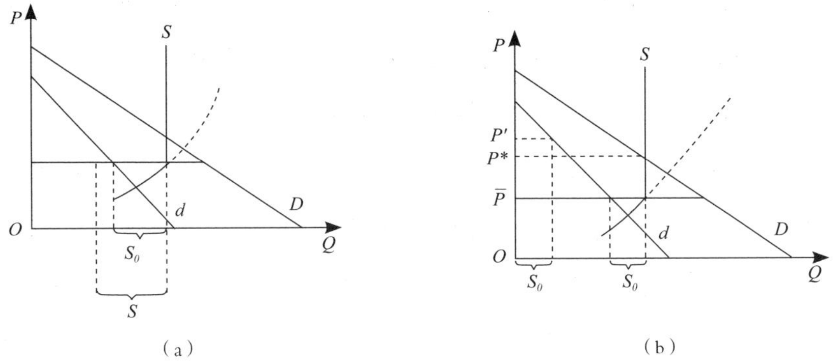

图1

图中表明，在灰市中m人的理想需求得到满足的条件下，价格线$\overline{P}$与需求线d的切点即为灰市均衡点；而灰市场外，供给量只剩下S_0，小于不存在灰市场情况下的供给量S［图（a）］；若这部分S_0在竞争市场上买卖，竞争价格P'高于不存在灰市场时的竞争价格P^*［图（b）］。

以上结论是我们在互惠无加价、灰市需求完全满足的特殊假定下得出的。但即使放宽上述假定，比如假定存在一定的加价（但总价格仍低于竞争价格），灰市需求也不能完全满足，“灰市交易的存在使得经济其他部分的短缺加重”这个一般性结论，仍是能够成立的。

1.7 灰市规模及其决定因素

我们称灰市交易量占社会总交易量[①]的比重为“灰市相对规模”，可简称为“灰市规模”，因为有意义的仅仅是相对量，绝对规模可以不提。它可定义为：

$$g \leqslant \frac{\sum_{i=1}^{m} d_g(\overline{P})}{S}, \qquad 0 \leqslant g \leqslant 1 \tag{7}$$

比率g不妨称为“灰色系数”。如果我们可以观察、测量到这个系数值，对于宏观经济分析将大有益处。但我们这里要先研究这个系数的大小取决于哪些因素。

第一，短缺程度，由$E(\overline{P})$表示，为一内生变量。按牌价可随意购到的商品，不会成为灰市交易的对象。严重的短缺会促使人们千方百计去建立关系网，导致灰市规模扩大；给定供给量，进入灰市场的人多了，g便增大，甚至出现$g=1$，比如国营副食店中一定量的瘦猪肉可能全部从“后门”溜掉。反之，短缺程度越低，自然会减弱找“后门”的动机和减少找“后门”的人数。灰市规模既是短缺的结果，也是短缺程度的指标[②]。

第二，灰市交易行为被当前社会、制度所能接受的程度，它被视为“非法”的标准和作为非法行为被“查处”的频率及查处的严厉程度。这可以说是一些具体的“制度因素”，统一以i表示，可视为外生变量。据经验可知，i的大小

① 在短缺条件下，根据“短缺规则”，总交易量等于总供给量S。

② 科尔奈将“排队的人数和时间”“寻找的次数和时间”等作为“短缺指标”。而若存在灰市场，且$g=1$，门市上会完全无货，人们也根本不再去寻找，从而以上两个指标全为0，但这恰恰不表明短缺消失，而是表明短缺严重。因此，加上一个灰市规模作为短缺指标是很有必要的。

在不同的年代以至在一年中的不同时期都是不同的。

第三，前期灰市规模，即g_{-1}。这种关系是由几方面的因素决定的：（1）人的“关系网”是逐步扩展的，前期甲与乙相识，下一期才能通过乙认识丙，等等。（2）根据前面的分析，既存的灰市规模会导致经济其他部分的短缺程度提高，这会使那些被排挤在灰市圈外的人努力在下一期中进入灰市。（3）灰市关系具有“传染性”，一方面，偶然尝到“甜头”，以后便可能会去自觉地扩大关系网；另一方面，看到大家都在干，原来的犹豫不决者或鄙夷不屑者会改变态度，加入进去，如此等等。总之，灰市关系本身具有自我加强、累积扩大的趋势。

g与上述诸因素之间的关系可总括地表示为下列函数形式：

$$g=g\left(E(\overline{P}),\ i,\ g_{-1}\right) \qquad (8)$$

此函数具有如下性质：

$$\frac{\partial g}{\partial E}>0,\ \frac{\partial g}{\partial i}<0,\ \frac{\partial g}{\partial g_{-1}}>0 \qquad (9)$$

二　灰市加价：灰市供给刚性与消费者剩余转移

在非互惠的场合，灰市交易一般要伴随有灰市加价。普遍的现象是“不送礼办不成事”。

2.1 灰市加价与加价区间

首先，灰市加价源于买者为获得一定量的某种商品所愿支付的价格P_d（需求价格）与国家牌价$\overline{P}$之间的差额。这个差额在理论上正是相对于国家牌价的“消费者剩余”而言的。因此，一个直接而简单的结论就是：灰市加价源于相对于国家牌价的消费者剩余①。

然而，灰市加价却并不一定等于这个消费者剩余。事实上，消费者剩余在这里的量的意义仅在于它构成了灰市加价的一个界限；超过这一点，购买有关商品对消费者来说是不合算的，他就不会去“走后门”、送礼等以从事灰市交易。这个界限一般可以用下式表示：

$$\Delta P \leqslant P_d - \overline{P} \qquad (10)$$

ΔP表示灰市加价。这里，$\overline{P}$和P_d构成了一个闭区间$\left[\overline{P}, P_d\right]$，灰市价格就落在这个区间内；相应的一个闭区间$\left[0, P_d-\overline{P}\right]$，我们称之为“灰市加价区间”。

灰市加价的一个重要特点是，它究竟落在上述区间的哪一点上，在理论上是不确定的，在实践中是不统一的。这是因为，在灰市交易过程中，加价的多少往往取决于一些特殊的、具体的因素，比如它可能取决于“人情关系”的远近，亲朋好友不送礼也行，间接相识则一般要送“厚礼”。另一个因素是“批条子”者本身的“贪欲”大小。再一个因

① “消费者剩余”的概念最初由马歇尔定义为一定量的“效用”，后来一般只在货币价值量的意义上使用，简单地说，就是指消费者为获得一件商品最多愿支付的价格与市场实际价格之间的差额；在图形内，市场上所有消费者的消费者剩余，表现为需求曲线以下、价格曲线以上的一块面积。

素是灰市交易被视为非法而受到查处的“风险”，但这个因素的作用往往是很模糊的，比如有人会因怕加价太高容易被视为非法而只收少量礼物，有的人却会因考虑到风险损失而提高加价。而灰市交易的另一个特点，即它的不公开性，则导致人们往往相互保守“交易秘密”，阻碍统一价格的形成。事实上，灰市场从本质上说并不是一个统一的整体，而是由无数个别的、一对一的交易关系构成的集合，尽管在它的较为发展的形态上（我们在第三节分析）可能会形成某种“行市”。

总之，灰市场关系的分散性、个别性决定了灰市加价取值的不确定性，从而我们在理论上只能首先以一个确定的区间对其加以描述。在存在灰市加价的场合，价格无论落在这一区间的哪一点上，都具有灰市均衡（至少是暂时均衡）价格的性质。

2.2 灰市加价与供给刚性

无论灰市加价取值如何，有一点是相同的，即灰市加价都不构成生产者收入[①]。灰市加价是消费者价格的组成部分，但并不构成生产者价格的组成部分。

生产者价格与消费者价格相分离本身并不是灰市交易的特殊现象。在国营商业的场合，两种价格也是可以分离的，其差额为国家的利税收入（或价格补贴）。但在国有制经济中，由于企业本身是国有的，国家对其生产规模扩大、更新改建等负有一定责任，因此，无论从原则上说还是从实践上

① 灰市加价也不是商业加价，不是对商业性活动或服务的付费。在本文中，商业加价一般是被抽象掉而不予以考察的。

说，生产者价格与消费者价格之间的差额并未归第三者所有。而在灰市交易的场合，获得加价的既不是生产者，也不是国家；消费者支付的价格提高了，但生产者的收入没有改变：生产者仍然只得到国家牌价。在价格提高的场合，提高的部分是否构成生产者（或国家）收入，可以作为判别灰市关系存在与否的一个基本标准。加价归属的差别是灰市关系与其他经济关系的一个本质差别。

由此产生的最重要的结果是：消费者支付了较高的价格，却不能起到引导生产行为的作用，不产生任何扩大生产或改变社会生产结构、改变资源配置状况的直接效应。在竞争市场上，较高的价格使生产者获得超额利润，这会产生两种效应：一方面，较高的生产者收入使生产者积累能力提高，亦即扩大生产的能力提高；另一方面，较高的利润率诱使原生产者和其他生产者投资于该种商品的生产，从而使生产扩大、供给增加。而在灰市场情况下，这种机制、这样的过程是不存在的。尽管消费者支付的价格高了，但生产者收入不变，生产不会扩大，从而灰市上的供给具有"刚性"（即对灰市价格无反应），短缺被维持在原有水平；对于竞争市场来说是"暂时均衡"或短期均衡的状态，对于灰市场来说就是"长期均衡"[①]的状态，因为生产供给在长期内并不会发生变化，短缺仍作为"常态"存在。灰市场的这种特点可由图2表明。

---

① 这里均衡的含义就在于：灰市上消费者不具有改变购买量的意向，而生产者也不具有改变产量的动机。这是满足最大化意义上的均衡条件的；但作为灰市场均衡，同时又包含着短缺，因而是一种"短缺均衡"。

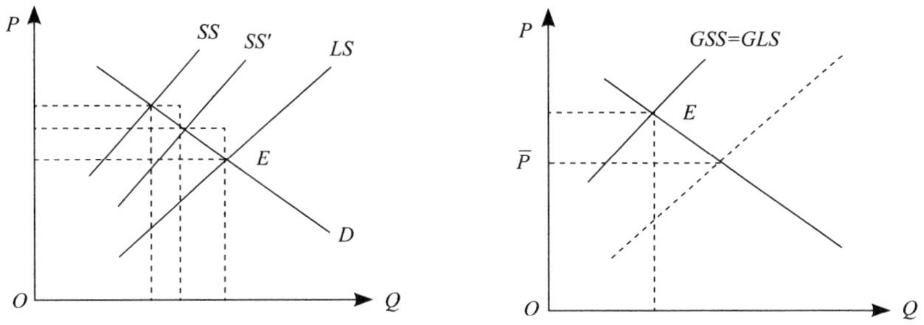

（a）竞争市场上短期供给线向长期供给线过渡

（b）灰市场稳定的短期供给线等于长期供给线，点E即为短缺均衡点

图2

图中*SS*表示短期供给线，*LS*表示长期供给线；*GSS*和*GLS*表示灰市场上的供给线。

短缺在灰市场机制下得以维持，作为常态存在；反过来，灰市场关系也就因维持了短缺而使自身得以维持——只要有关的制度条件存在，灰市场不仅能够自我扩张，而且能够自我维系——这就是消费者价格上涨而生产结构却长期得不到调整，短缺仍然持续存在的一个重要原因。

2.3 消费者剩余的转移

灰市加价来源于消费者剩余，又不构成生产者的收入。在灰市中一部分人失去的消费者剩余构成了另一部分非生产者的收入。这里发生的不是消费者剩余减少使生产者利润增加，而只是消费者之间的一种收入再分配。我们把这种现象称为"消费者剩余转移"。这是经济理论尚未分析过的一个现象。

在一般的市场理论中，抽象掉政府之后，生产者与消费者在市场上相互对立；消费者剩余减少时，伴随着生产者利润增大（不一定成比例）；二者的相互作用导致市场趋于均衡和资源最佳配置。但这种理论显然不适用于灰市场关系的分析。在灰市场关系中，消费者与生产者之间还存在着商品批售者，他们与生产过程无关，也不提供商业性服务（商业性服务仍由国营商业机构提供），并未垫付任何商业资本，但正是他们割断了消费者与生产者的直接联系，并且截留了消费者多支出的一部分价值，使这部分“加价”不能对供给的变化产生任何直接的影响。（参见图3）

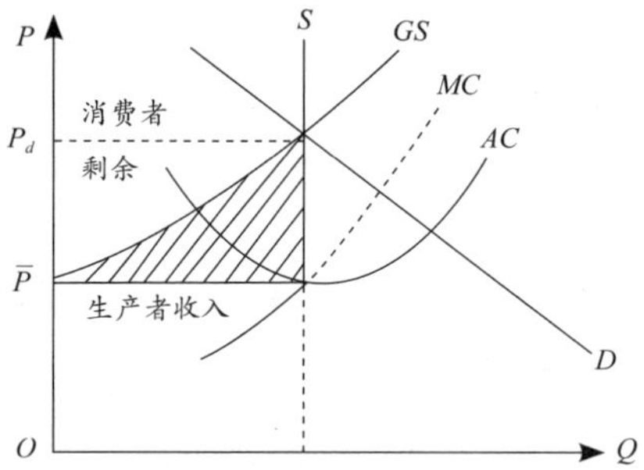

图中阴影部分即为灰市交易中转移的相对于$\bar{P}$的消费者剩余，GS为灰市供给线，它应根据2.1节的分析加以理解

图3

消费者剩余转移，作为一种收入再分配，就意味着“购买力转移”——一部分消费者实际收入的降低只是导致另一部分人实际收入的提高，因此有支付能力的社会总需求并不因消费者价格提高而减少。对灰市交易的分析，为我们解释现实中一方面消费者价格提高，另一方面社会消费需求规模并不减少反而扩大（这会进一步拉动价格）的情况，提供了一个重要理论依据。

在灰市交易中聚集起的财富，有一部分也可能（并非一定）在以后被用于生产性投资，从而一方面减少消费需求，另一方面扩大生产供给。这种生产积累在灰市场的发展形态中（见下文）是可以观察到的。但这种积累与一般经济理论中的积累具有不同的性质，它不是利润的积累，也不是劳动者为了明天的消费而进行的收入储蓄，而是（被转移并集中了的）“消费者剩余的积累”。这是积累的一种新的形态。

三 灰市关系的发展形态

3.1 灰市中间人

在以上关于灰市关系的分析中暗含的一个假定是灰市卖方直接将有关商品批给消费者（包括生产资料的消费者）。但现实中往往不是这样。比如消费者丙需要甲所掌握的商品，但不认识甲，只能要求认识甲的乙从中帮忙。在这种扩展了的灰市关系中，乙处在中间人的地位。我们称乙为“灰市中间人”，在初级形态上，其经济职能仅为“搭桥”。

灰市中间人由于与灰市卖方认识，从而拥有牌价商品的间接批售权，在与消费者的关系中，也就处于灰市卖方的地位，消费者也要对他所提供的间接优惠支付一定的灰市加价。于是，在扩展了的灰市关系中，总加价由灰市中间人和最终灰市卖方所收取的两部分加价的总和构成。理论上，这笔总加价不超过消费者需求价格与牌价之差，即：

$$\Delta P=\sum_{i=1}^{k+1}\Delta P_i \leqslant P_d-\overline{P} \qquad (11)$$

其中k为中间商人数。上式表明，各ΔP_i的取值和k的取值越大，便越是只有需求较高（从而P_d较高）的消费者才能成为灰市买者，否则他就不会绕那么多弯、多付那么多加价去获得那种商品。同时，反过来我们也就可以说明，短缺越严重，P_d与$\overline{P}$的差额越大，不仅各笔加价ΔP_i可以越大，而且灰市场所能容纳的中间人也能越多。

3.2　灰市中间商

从灰市中间人过渡到灰市中间商，经济关系的发展演变在于两个方面：第一，中间商从灰市最终卖方手中批发出大量牌价商品，或是经过下一级中间商，或是直接“零售”给各消费者，其经济职能已是典型的“炒卖”；第二，处在交易最后阶段即零售阶段的中间商面对大量的买者，由于买者之间的竞争，导致形成统一灰市价格，并且等于竞争市场上的需求价格（不再是“小于、等于”）。这里比较典型的例子是当前名牌香烟市场的情况。

灰市中间商在经营方式上也会与灰市中间人有所差别：他需要将批量商品一次买下，因此需要垫付流动资本。在实践中，大笔资金的过户必须有“公司”的名义，在银行开有公司账户。因此，灰市中间商必须或是自己登记开公司，或是必须有公司账户为依托。事实上，现实中的许多“公司”是典型的“灰市公司”，就是说，它们主要从事灰市交易。

3.3　市场上灰市关系的辨识

在灰市关系的发展形态上，它在两个方面变得容易与一般竞争市场关系相混淆：（1）商品的灰市售价等于竞争价格。（2）在某些阶段，特别是零售阶段，灰市交易过程中也包含着一般商业性服务，在此阶段中的加价可能包含着一般商业加价，甚至全部是商业加价。事实上，零售活动既可是灰市关系的最后环节，也是一般竞争市场关系的最后环节。

不过，抽象的分析已经为我们提供了在复杂的市场现象中辨识不同经济关系的理论和方法，最主要的就是要运用前面已经提到的一个判别方法，即考察市场价格与生产者收入的关系，考察市场价格变化与生产供给变化的关系。比如对于钢材市场，同样按市价出售的钢材，由厂家自己“计划外”销售的，由于收入归生产者所有，市场价格提高导致利润提高，便属于竞争市场关系；而通过物资计划部门的内部关系批条子弄到牌价钢材，再按市价“倒卖”，不会使生产者收入有任何增加，也不会促使生产供给增长，便属于灰市关系。在同样的市场销售价格背后是完全不同的经济关系、不同的经济机制。

四 小结

4.1 方法论的小结

在结束本文的时候，我们要再次强调理论实证方法对经济学的重要意义。经济学要研究的是客观存在的经济关系，即不是从观念出发推论出“应该”存在怎样的关系，也不是只研究那些“合法”的关系。现实中存在怎样的经济关系和经济行为，就需要经济学建立起相应的理论对其加以分析，针对新的现象提出新的理论，然后才可能对各种经济问题做出科学的、全面的解答，并针对问题的症结提出有效的对策。对于灰市场关系应该是这样，对于其他种种经济关系也同样应该是这样。

4.2 政策含义

本文的理论分析表明，当前经济中的一些重要问题，如在物价上涨的同时社会经济结构长期得不到根本的调整、短缺持续存在等，都是与灰市关系的存在有直接联系的（但绝不可认为灰市关系是造成这些问题的唯一原因）。而无论是灰市关系本身还是“短缺集聚”“供给刚性”等灰市产生的经济后果，都是以低于竞争价格的牌价的存在为前提的。可见，如果我们认为灰市应该取消的话，那么就要从根本上取消牌价本身——不仅仅是取消一种价格或一种价差，而是革除这种价格所体现的一整套经济机制。“后门”堵了多少年，却越堵越大，原因就在于“后门”赖以存在的客观经济条件仍然存在，并且在某些环节上还有所发展。

（此文发表于《经济研究》1988年第8期）

第二篇

渐进式改革：体制转轨的动态过程

本文试图通过一个简化的动态模型，对从计划经济向市场经济的过渡中的一系列基本问题，进行综合、系统的分析。读者可以看到，改革的各种进展及当前困扰我们的各种问题，在这一简单模型中都有其特定的位置，得到相互关联的说明。

一 渐进改革与经济的“体制结构”

1.1 渐进式改革与国有企业地位的改变

“渐进式改革”的特点，不在于其“慢”，而在于最先实行的改革不是立即取消旧体制，而是在暂不触动旧体制的情况下，先发展“新体制”，然后随着经济结构的改变，逐步改革旧体制。

中国过去20年，渐进式改革的主要成就，就在于发展起了一个以市场为导向的“非国有经济”，包括外资合资企业、私人企业、个体劳动、股份公司、合作经济以及各种形式的集体经济（主要是以社区所有制为特征的乡镇企业）。到1998年，这个非国有经济部门已经创造出73%以上的工业总产值、63%

的GDP、100%以上的新增长就业和80%的经济增长[①]。

而这就意味着，尽管国有企业无效率的问题很严重，尽管它仍占用着70%左右的银行信贷资源，但在工业总产值中它的贡献率已不足30%，对GDP的贡献率不到40%，对经济增长的贡献不到20%。也就是说，国有部门（企业、银行、各级政府）问题再严重，它从统计上说，只关系到20%～30%的经济收入与经济增长。只要占70%～80%的非国有经济仍能增长并越来越发展、占有越来越大的比重，中国经济就仍然能够成长。

这里的第一个政策含义就是：要想保持中国经济增长的势头，必须着眼于发展非国有经济。在这个方面，我们在对私有产权的保护、对历史遗留下来的产权不明问题的清理、鼓励和允许许多领域内的私人投资、金融业非国有机构的发展等许多方面，都还大有文章可做[②]。

以上分析的另一个政策含义是：要判断中国经济是否还能持续增长，不仅要观察国有部门的状态，还要观察非国有经济发展的趋势，观察两个部门之间的比例关系的变化。

1.2　经济的“体制结构”

我们现在就来将一个处于体制转轨过程中的经济分为两大部门，国有部门S和非国有部门N；将它们所创造的国

① 参见《中国统计年鉴1999》，中国统计出版社，1999。

② 非国有经济本身也面临着一个逐步发展、规范、完善、优胜劣汰的问题（特别是其中的一些集体所有制经济），但它们的改革与发展总的来说属于一种自我调整的过程，而不像国有部门改革那样是一项涉及各种经济政治权利的社会工程。所以，从各种意义上都可以说非国有经济是一种有别于旧的国有部门的“新体制”。

民总产值之间的比重($\frac{S}{N}$)，定义为“经济的体制结构”，用J表示。

$$J_0=\frac{S_0}{N_0} \qquad (1)$$

J_0指的是在任一初始时点上（我们可以理解为改革初期）经济的体制结构。在中国改革初期，这一指数大约为900%（90：10），而现在按工业总产值算约为35%（26/74）。最近几年按工业产值计算非国有经济所占比重一直以每年高于2个百分点的速度增加。

附录

体制改革的原因是旧体制的效率较低而新体制的效率较高。我们假定效率的差别在长期内体现在各部门的增长率的差别上。正因如此，非国有部门在经济中所占的比重才能不断地加大。定义g^s为国有部门的增长率，g^n为非国有部门的增长率，$g^s<g^n$。我们称此条件为“体制改革的基本假定”，因为没有这一点，改革就不需要进行了。

在这个“基本假定”下，在足够长的时间里（$t\to\infty$），我们有：

$$J_t=\frac{S_0(1+g^s)^t}{N_0(1+g^n)^t}=J_0\frac{(1+g^s)^t}{(1+g^n)^t}\xrightarrow[t\to\infty]{}0 \qquad (2)$$

此式的含义为：无论经济结构的初始状态（J_0）如何，即无论开始时非国有经济多么弱小，只要非国有经济的效率及增长率比国有部门高，国有经济在整个经济中的比重将趋于缩小。J趋于0，不意味着国有部门在绝对量上不增长，只是相对地缩小；而且，J在现实中并不一定就趋于0，而是趋于一个比较小的“均衡值”，也就是国有部门仍在经济中占有一定的比例，只不过这个均衡比例即使在将来也会随条件的变化而不断地变化。

这一动态关系式看上去很简单[①]，但对于我们理解体制转轨的过程及其性质，以及我们在改革中所遇到的各种问题、改革进程的各种后果，是很有用的。

1.3 “不改革”或“简单过渡”的可能性

公式（2）提出了一个可能性，即“不改国企的可能性”：只要$g^s<g^n$，我们就可以集中精力发展新部门、新体制（并不断改善、规范它，不断克服它本身存在的问题），我们就可以不去考虑改革旧部门、旧体制，而“让时间去解决问题”。

如果这个“可能性”还有点太抽象的话，上述推理至少提出了这样一种改革的可能性：由于$g^n>g^s$，非国有经济逐步发展并支撑了经济增长，当非国有部门提供的“剩余收入”足够大时，我们就可以用这一部分收入将旧体制内的“职工”全部“养起来”，然后随着时间的推移，在“一代人”的时间里，完成旧体制的消亡过程。

在德国，在一定意义上人们其实就是这么做的：在东德经济解体的过程中，原有的企业基本被解体，同时用西德的“剩余收入”把东德的职工“养起来”（提供失业补贴）；如此持续20～30年后，原东德遗留下来的问题将不复存在。在

① 在本文中，我们尽可能地简化数学模型分析，所用数学公式仅以帮助表达理论内容为限。但是读者不难发现，在本文理论逻辑的基础上，可以发展起一个完整的联立方程数理模型。

我国的一些沿海地区，由于国有部门所占比重已经很小，非国有经济又发展较快，当地的人们往往会选择对国企“不改革”，而只是不再扩大国有企业，不再雇佣新的工人，把原有的企业或职工，通过“补贴”（包括以银行贷款形式发生的补贴）“养起来”，等待过一段较长时间后问题本身逐步淡化、消亡。

这种“养起来”的做法，实际上也是改革——改了体制，但把人“养起来”。这可以说是一种痛苦较小，因而改革阻力较小的改革。人总是要有所养的，一切补贴（包括事实上用作补贴的“坏债”）的合理性就在于此。但合理性的界限在于：只能养人，而不能养制度——最好是直接补贴给“下岗职工”，而不要再补贴企业，通过让企业继续生产而“养人”。那样不仅会耗费更多的资源，而且会使制度得不到改革，使对企业的补贴越来越大。这就是政府增大对下岗职工的补贴而缩小对企业补贴的做法的合理性所在。

我们称这种通过把人“养起来”实现改革的做法为“简单过渡”。

“简单过渡”在现实中的不可行在于：“把人养起来”，也就是使人们处于失业的状态，这在心理上、政治上是难以被接受的。就业不仅意味着“挣工资”，而且意味着人的价值与尊严的实现；对原国有企业职工来说，还意味着“社会地位”。因此，至少人们会通过各种政治斗争力求让国家去“养企业”从而维持“冗员的就业”，而不是简单地在企业之外“养人”。而这正是我们后面将要分析的对国有部门的补贴会不断增大的一个重要原因。

二 结构改变与国有部门改革条件的变化

2.1 国有部门本身状况的恶化与国企“改制”

首先要明确的一点是：其他条件不变，国有企业本身的效率和财务状况会不断地恶化，这是这种制度本身演化的一种趋势。人们已经分析过的“棘轮效应”“预算软约束”“败德行为”“劣币驱逐良币”等原理对此进行了分析，这是一个动态的过程，问题会随着时间的推移而逐步恶化。苏联的例子说明，即使没有其他条件的变化，当时间足够长，g^s本身将趋于0，从而经济增长会趋于0。这时改革的要求和行动将会从国有体制本身的恶化中产生出来，但那时，改革将不可避免地以更痛苦的方式发生。

国有部门情况的恶化，不一定表现为所有国有企业情况全部恶化，而是首先表现为由于“亏损面加大”及其由此引起的净亏损的加大。当亏损企业越来越多时，改革的要求开始产生；这时，若其他条件具备（特别是下一小节要分析的非国有经济的发展），就可能发生国有企业的部分改革（我们后面要分析哪一部分企业先改）。

这里所说的“改革”，不是指仅仅改进管理方式或结构的一些操作，而是指涉及产权重组的各种变化，如股份制、合资（包括被国内民营企业兼并）、拍卖、租赁以及倒闭破产等。而这样一来，原来的国有企业就变成了非国有企业。用现在已经在实践中有了较为确切含义的概念来说，这里所说的一切都属于“国企改制”。

国企改制会对我们的上述公式产生影响：改革使g^s缩小而使g^n增大，因为这时一部分原来的国有企业通过改变产权关系而变成了非国有企业[①]。这些年，非国有经济的增长率之所以高，部分原因就是一些原来的国企经过改造后被并入了非国企范畴，或是民营企业通过收购、兼并国有企业而壮大了自己。另一种类似的情况是，由于激励机制不对称，一些人以“占国有经济便宜”的办法来发展非国有经济，甚至包括国有资产的暗中转移。这种可以称为“自发的私有化”的行为，在实际上也起到了加快国有经济改制的作用。

可见，国企改制本身，在我们的理论框架中意味着J值的缩小，意味着效率的改进和经济的增长，这就是所谓“从改革中要增长速率”的基本含义。

2.2 非国有经济的发展与国有企业改革条件的改变

我们这里要着重分析的是：非国有经济的发展，不仅支撑着经济的增长，而且改变着国有部门改革的条件和环境。这一点非常重要，虽然它经常被人们所忽视。

——非国有经济的发展，逐步形成了对国有企业的竞争压力，原有的垄断被打破，垄断利润消失，导致一些国有企业财务状况恶化，亏损加剧，使得国有企业体制上的弱点进一步充分暴露出来。市场竞争压力的加大、旧体制“难以为继”的危机感的形成，是迫使国有企业走向改革的重要外部条件。

① 这里我们事实上将一部分“存量”的变化，转化为“增量”的变化，即将已经存在的企业的改制，算成国有部门增长率的下降和非国有经济增长率的进一步提高。前几年中国的统计实践，其实也是这样做的。在我们的理论分析中，这样做的好处是可以简化模型分析。这完全不排除我们可以严格地进行存量与增量的划分。那只不过是要使公式（2）中的S和N发生变动罢了。

——非国有经济的发展，支撑了经济的增长，提供了一定的收入增长和“经济剩余”，使得政府有可能以某种方式利用这部分收入增量来对在国有部门改革中受到损害的利益集团进行一定的补偿，这可以减少改革可能带来的痛苦，从而使改革的阻力减小。

——非国有经济的发展，为转移的一部分国有职工提供了就业机会。当国有企业状态进一步恶化的时候，或当社会保障体制改革有所进步的时候，一些国有企业职工往往会主动地离开国有企业，另一些职工则更容易接受“下岗”。这一趋势在最近几年已经开始形成。

——非国有经济的发展，形成了既具有资本实力又具备管理知识的新型企业与企业家，使得通过收购、兼并等较为平和、较为自然的方式改革国有企业成为可能。非国有经济的发展、人们收入的提高，也在事实上为企业资本重组提供了资金与资本的条件（人们开始“有钱买资本”）。

——非国有经济的发展，为国有体制的改革提供了国内的“体制示范”。同在一个经济大环境中，非国有企业能办到的事国有企业办不到，使改革的必然性更加明显。

在以上所有这些条件的改变中，首先起作用的是“竞争”。非国有企业的进入，首先使国有企业原有的“垄断利润”下降，使其体制的无效率暴露出来，进而越来越多的企业发生亏损，成为政府的包袱而不是收入的源泉。与此同时，当非国有部门越来越显示出其提供产值、就业和税收的竞争能力，人们也就越来越具有改革的动机，对改革的阻力也就越来越小，从而使改革得以发生。第二个重要的因素就是使社会有办法（收入与就业机会）化解改革所引起的社会冲突。事实上，在国有经济一统天下的情况下，国有企业情况再糟，为了维持经济的稳定与社会的稳定，政府也只能对其采取“保”和“补”的办法，无论财政或金融上的“包袱”已经有多重（直到像有些国家那样最后走进大危机、大动荡的境地）。而在经济中存在一大块非国有经济的条件下，政府也就有了“逼”国有企业改革的余地，而不怕经济与社会会陷入危机；在一些地区，政府财政收入已经更多地依靠非国有经济，改革国有企业的决心也就会更大一些。

我们以下仅从“国企职工”和“政府”的角度，来具体分析一下非国有经济的发展如何改变着国企改革的条件。

2.3　减员与下岗

改革的阻力首先来自国企职工，而改革意味着国企职工离开国企而转向非国企就业。这又分为两种基本形式：“离职”（或“下海”）和“下岗”。前者为自愿主动离开，后者为当发生倒闭、减员等情况时被迫离开。

在过去相当长的时间内，“离开”这件事是不可接受的，从而阻碍着改革。但到后来，不仅开始自愿离开，而且下岗的阻力也越来越小，变得可接受了，下岗人员也越来越多。这里根本原因就在于，随着经济结构的变化，职工在离开后（在非国有部门）的预期综合收益w^n，开始大于不离开时（在国企中）的预期综合收益w^s，即

$$w^n(J_t) \geqslant w^s(J_t) \qquad (3)$$

这里，一切收入都应为折算后的单位时间内的收入（如年收入、月收入），并且都是在一定时点上的预期收入的折

现值；其中一些项目则是需要进行某种“货币化”的“主观收益”，如“痛苦”“轻松”等。我们现在就来分别看一下w^n和w^s是怎样构成的。

$w^n(J_t)$ =（下岗后）民营企业工资奖金实物收入+
社会保障收入-
工作努力程度的加重所造成的新增痛苦-
对民营企业从业者的社会歧视+
从国企离开时可带走的收入（如住房等）-
下岗后失业的损失及民营企业就业风险贴水[①]……

$w^s(J_t)$ =（不下岗）国有企业工资奖金福利收入+
住房、养老、医疗和其他社会保障收入-
企业少发、停发工资造成的损失+
国企职工的工作轻松与社会荣耀……

在这里，最重要的一个经济关系就是：职工对待改革的态度是经济的“体制结构”J的函数——随着时间的推移、经济体制结构的变化，上述不等式两边的各项都因非国有部门的发展而发生了各种各样的变动，导致w^n和w^s发生变化，一方面的收入在不断增加，而另一方面的收入在不断减少，从而使人们的决策依据发生变化，使原来不可接受的事情变得可以接受，使改革得以发生。这一不等式在计量上可能难以确定（特别是因为包含一些“主观收益”），但可以作为我们对人们行为和改革进程进行分析的理论模型，作为进一步

① 就业的“风险贴水”可以理解为在就业不稳定情况下依据一定的失业概率而事先做出的一种收入的扣除，也可理解为为失业保险而付出的额外费用。

实证分析的一个基础。它同时可以启示我们应该在哪些方面做出努力，才能使改革尽快发生。

1995年以来，国有企业职工下岗的人数不断增加。这对于经济结构和资源合理配置来说是一个趋向好转的指标，是保持经济增长的有利因素。在许多企业特别是一些大企业目前进行全面“改制”条件还不成熟的情况下，人员下岗也是资源配置的一种改善。

2.4　政府改革企业的动机

国有企业过去一直是政府的权力基础（人事和经济的权力）；改革国有企业是一项十分麻烦的政治运作，所以不到万不得已、“最后一刻”，任何政府和企业官员都不愿进行改革。是否改革，取决于以下的不改革时的政府净收益z^s和改革后的政府净收益z^n的比较：

$$z^n(J_t) \geqslant z^s(J_t) \qquad (4)$$

其中

$z^s(J_t)$ =（不改革情况下）国企所能提供的利、税收入（包括政府的非预算收入）+
国企提供的就业即工资收入－
财政补贴（包括企业发不出工资时的补贴）－
银行坏账①－
管理国企及处理国企干部职工日常矛盾的麻烦……

$z^n(J_t)$ =（改革情况下）非国有企业的税收收入+
出售国有资产的收入+

① 地方政府不考虑这一项。

非国有企业提供的就业与工资收入－

为改革的债务支出（如清理坏账的财政支出）－

为安置下岗职工的支出－

改革所承担的政治风险……

这里最重要的经济关系也是政府决策是体制结构J的函数——当国有企业所能提供的利税收入越来越少，所需的财政、准财政（银行坏债）补贴越来越多，停产企业“开不出工资”的问题越来越严重、越来越麻烦，而非国有企业提供的税收越来越多，所能提供的就业越来越多，以至可以由民营企业来并购国企，从而政府为安置下岗职工所需支付的补贴可以越来越少（平均到每人较少，不一定总量较少，因为下岗职工越来越多），改革就会越来越实际地发生。而这一切，都是以非国有经济的发展为基础的。

以上的两个不等式，可以使我们在一方面表明，在w^s和z^s不变的情况下（至少国有企业职工的个人收入具有一定的“刚性”），非国有部门的发展，如何可能使改革发生。而在另一方面，我们事实上也表明了以下这样一些道理：无论外部环境如何变化，非国有部门如何发展（不等式的左边w^n和z^n如何变大），只有当国企状况越来越坏，坏到一定程度之后，改革才会发生；而且无论我们如何鼓吹应该“靓女先嫁”，但从逻辑上说，改革一般总是先发生在那些最先亏损、亏损最严重的国企，而不会最先发生在较好的国企，因为一定是那些最先陷入危机的企业最先满足上面的不等式①。

① 这完全不否定当我们引入另一些变量如“远见卓识”“思想认识”“意识形态”等因素之后，上述结论会发生变化。

在1992年左右，非国有经济在工业总产值中所占的比重，第一次超过50%。就在1993年底，中共十四届三中全会通过的有关改革的“决定”，第一次将国有企业的“产权改革”写了进去。在1996年第一季度，中国的国有企业第一次发生全部门净亏损，1997年上半年又是这样。在1997年召开的中共十五大上，正式提出了“抓大放小”“发展多种形式的所有制”等政策。用本文的理论模型加以观察，这些事情的发生都不是没有道理的。它们从实践中证明了：政府决策本身是随着经济结构和经济条件的变化而不断变化的；重要的问题不在于政府在某一时点上做出了什么样的决策，而在于政府政策变化的趋势是什么。从这个角度观察，我们有理由认为中国政府有关改革的政策走势，在朝着正确的方向发展；决策本身不能说有多大的前瞻性，但至少具有务实性，能对现实条件的变化做出较为及时的反应。这有利于经济走出困境、持续发展。

2.5 小企业改革：条件最先成熟

以上的理论分析也可用来解释为什么中国的国企改革先从中小（特别是小型）国有企业取得突破。根本的原因是：中小企业本来搞国有制就最缺乏经济理由，经营状况自然最先恶化；而非国有经济在夹缝中发展，从小开始逐步成长，最先对中小国有企业开展竞争，使中小国有企业的亏损面变得最大，最先成为政府的包袱；同时，非国有中小企业的发展，又使它们最先有能力吸收中小国有企业的下岗职工；最先形成的一些小资本，得以并购（包括通过股份合作制而实现的产权变革）国有小企业。而大型国有企业一方面本身有国家的扶持，引进了许多先进技术设备，生产率较高，又在一些行业中处于垄断地位，所以亏损面一直相对较低；加上几万人、十几万人的企业改起来困难与阻力太大，在经济中还没有形成大资本的情况下，很难实现根本上的改制。

再往后，体制过渡能否继续，经济风险能否得到控制，经济能否持续增长，则将取决于非国有经济能否进一步成长，进一步为改革国有部门创造条件。从逻辑上推断：中国非国有经济发展至今形成了一大批中小企业、中小资本、中小企业家，于是到了改革中小国有企业的阶段；再进一步发展，随着中小企业进一步成长，形成一些大企业、大资本、大企业家，改革大型国有企业的阶段才会真正到来。

三　增长停顿以致发生危机的可能性：J值是否会逆转

前面我们在论证经济的体制结构逐步变化、实现体制转轨这一可能性的时候，全部立论基础是前面给出的“体制改革的基本假定”，即非国有部门增长率g^n高于国有部门增长率g^s。这应该说是一个相当现实的假定，无论在理论上还是在现实中都很容易得到证明。但这样一来，我们的理论模型似乎就只可以论证成功的过渡，而无法分析失败的可能，因为我们无论如何很难做出相反的假定，即$g^n<g^s$。

前面的理论模型所没有包含的内容，是两个部门之间的“收入转移”，也就是非国有部门对国有部门的补贴。而这是两部门之间经济关系的一个至关重要的方面。

3.1 对国有部门的补贴及其各种形式

我们知道，国有企业接受国家的补贴。但补贴必须是“有出处的”，是经济当中存在的某种收入的转移；而在一个只把经济区分为国有与非国有两大部门的理论模型中，对国有部门的补贴，必然是非国有部门的一部分收入的转移，是对非国有部门以各种方式“征税”而来。即使在现实中，经过各种必要的折算，我们总是可以论证对国有部门（包括企业、银行、政府）的各种补贴其实最终要么来自个人（他们的财产也属于“非国有财产”），要么来自非国有企业。

我们先来看一下这种收入转移的各种具体形式：

第一，财政支出的企业亏损补贴。这一块在目前的政府收支账户中已经不大了，但仍然存在。

第二，企业欠银行的坏账。无论是国有企业向银行借的钱，还是政府机构出于维持运转或提高公款消费标准而通过企业向银行借的钱①，不能偿还的部分（加上应付利息），即所谓的“坏账”，都应视为社会（通过银行）对国有企业和政府的补贴。在现实中，非国有部门和个人将存款放进银行，然后银行借给国有企业或政府，由它们花掉，因不能偿还而形成坏账，最后或是银行“冲销坏账”，使存款事实上减少；或是由政府财政将税收的一部分拿出来清理坏账，或是用通货膨胀的办法使大家的货币、存款等都贬值，就完成了补贴即收入转移的全过程。正因如此，我们称银行坏账

① 在中国现行体制下，政府不允许直接向银行借钱支出，但政府通常会以某种方式通过下属的国有企业借到钱。这也是国企债务负担重的一个原因。

为“准财政赤字”（当年新增）或“准政府债务”（累积）。它表明除了财政补贴外，还有多少是通过银行而实现的收入转移。

这里的坏账，也应包括“坏掉了的外债”，除了中央政府的财政外债以外，还有企业和地方政府所欠下的外债。这些外债一旦不能偿还，最终也要由国家即中央政府来还，说到底还是要由一国的全体公民（想一想东南亚各国的情况），包括“还未被允许借外债”的非国有企业来还。这也相当于是社会对国有企业的补贴。

在这里，国有部门和非国有部门的“平等”问题显得非常重要。如果银行部门能对国有企业和非国有企业按同等标准借贷，使其“坏债率”达到同样水平，那么，我们可能说银行的风险更大，而且仍可以说公众（存款人）在给企业补贴（像日本那样），但不能说非国有企业在给国有企业补贴。但是，在国有银行占据垄断地位、银行贷款向国有企业倾斜、非国有部门很难获得贷款及不允许其上市直接融资或到国际上去借外债，而非国有部门创造着近70%的国民总产值的情况下，我们就可以说事实上发生着收入的转移。在这种情况下，国有银行对银行业的垄断，国有企业对资本市场“上市权”的垄断，事实上决定了金融部门在执行着为国有部门获取补贴所需要的收入再分配的功能。

第三，直接融资情况下发生的“坏股”。随着财政资源枯竭、银行坏债膨胀，国有企业后来发展起来的一个融资渠道是资本市场。在国有资产占大头、政府控制企业等条件不变的情况下，为了给一些企业注资、输血，就让它们上市融资。如果上市后的确能使经营、财务状况发生好转，则不能说发生了补贴；但若没隔几年这种企业的股就变成了“垃圾股”，则说明由“上市”而获得的资源也被浪费掉了，该企业也是“吃”了相当于上市融资量的“社会补贴”。

由于以上的一些收入转移是在政府操作的情况下完成的，有时很难分辨哪些收入是用于公共支出，哪些是用于对国有部门的补贴（包括对那部分“额外的政府”的补贴）。这也是只要是国有制，“政企不分”就是必然现象的原因之一。但我们这里强调的是，只要我们看到国有部门（企业、银行与政府机构）浪费了资源，那被浪费了的东西一定是“有出处的”，一定是来自经济中某处的经济收入，一定是某种收入的转移。在两部门模型中，它们只能来自非国有部门。

不过，在两部门模型中，我们有必要计算国有部门的“净值”。比如，在国有企业还有“利润上缴”的情况下，在预算平衡表上的“对企业的亏损补贴”就不能都直接算作对国有部门的补贴，而要计算“利润上缴”与“亏损补贴”的净差额。无论如何，在现阶段对国有部门的补贴，主要的形式不是财政补贴，而是“坏债”“坏股”之类的金融性收入转移。

3.2 对非国有部门的“额外综合税赋”与“资源配置的结构”

对国有部门的补贴，来自非国有部门的收入转移。我们就将以上的各种收入转移概括地称为对非国有部门的“额外综合税赋”。这里“额外”指的是，它是在支付了与国有部门同等水平的用于社会支出（包括政府必要支出）税收之后额外的支出部分；而这里的“综合”指的是，它不仅包含了一部分严格含义上的“税”，而且包含着以上述其他种种方式转移的收入，无论是较为直接的部分（如“税费捐赌”），还是较为间接的部分（如银行坏账），或是较为隐蔽的部分。我们用D_i代表各种形式（i=1，2，3，4，…）的额外税赋，公式如下：

$$d=\frac{\sum D_i}{N} \quad (5)$$

我们将d定义为非国有部门的“额外综合税赋率”，其中N仍代表非国有部门的产值。

相应地，我们可将公式（2）改写成公式（6）：

$$J_t=\frac{S_0(1+g^{s})^t}{N_0(1+g^{n}-d)^t} \quad (6)$$

公式（6）的含义已经不同于公式（2）。公式（2）只是表明不同部门的不同经济增长率所会产生的差别；而公式（6）则表明在两部门之间的收入转移所引起的资源配置的变化，公式（6）中的J其实已经表明的是“资源配置意义上国民总产值的结构”，而不仅仅是生产或产出意义上的国民总产值的结构：由于从非国有部门拿走了比率为d的一部分收入去补贴国有部门，非国有部门可用于下一步经济增长的资源只有$N(1+g^{n}-d)$的部分，而不再是$N(1+g^{n})$①。

问题在于，公式（6）中所反映的收入转移和资源配置关系，最终也会影响到公式（2）中所反映的产出与增长的

① 这里d不出现在公式的分子中，因为对国有部门来说，d只是被浪费掉了，并不构成增长的源泉，虽然更详细的分析将表明，对国有部门的补贴，事实上也多少会对该部门的增长率产生影响。

关系。这是因为，收入一方面是企业经济增长的动机，另一方面也是经济增长的源泉，因为较高的收入（“经济剩余”）是较高的投资率的源泉。因此，经济增长率g事实上是d的函数，特别可以认为是前期d的函数，即

$$g_t^n(d)=f(d_t, d_{t-1}, d_{t-2}, \cdots) \quad (7)$$

当d还不太大，从而还存在$d<g^n$时，非国有部门还可以成长，经济就还会成长，体制结构也在向好的方向转化；但若国企不改革，政府不改革，补贴越来越多，坏债越来越多，出现$d>g^n$，这时就会发生非国有部门的萎缩，体制结构就会发生逆转，经济风险就会加大。

因此，在分析长期问题时，公式（6）意义更加重要，因为公式（2）事实上是由它决定的。体现在d中的收入转移，是两大部门之间经济关系中的一个至关重要的组成部分。由d我们可以看出，国有部门不改革，社会对国有部门的补贴就难以减少，还会不断增加，这不仅本身是一种资源的浪费，还阻碍着非国有部门的成长和整个经济的增长。

在这里，“综合补贴”的概念是重要的，因为在$\sum D_i$的各个构成部分之间可能存在相互替代关系。对于一个民营企业来说，如果税赋重了，但可以得到更多的贷款，它的日子还好过；如果贷款贷不到，但税赋轻了，它也还能扩大生产；但如果同时税赋也重了，贷款又更加难以得到，它一定难以增长，甚至发生萎缩。由此推断，1998年的情况特别值得警惕。在这一年，正式的税收增加1000亿元，按实际值（物价在下降）财政收入相当于增加了14.4%，几乎是经济增长率7.8%的两倍；地方上“乱摊派”、乱收费的问题仍未见好转

（如果不是恶化的话）。而与此同时，对中小民营企业的贷款融资渠道更少了[①]。结果是在1998年非国有中小企业投资增长率为零，乡镇企业大量减员，增长率大大下降。这里面显然有宏观波动的因素（总需求还未扩大），不完全是体制方面的问题，但这是一个相当危险的征兆。

3.3　增长停顿或“危机”的可能性

对于公式（6）来说，我们已不能确定它在$t\to\infty$时，是否能有$J_t\to 0$，当$d>0$时，$g^n(d)$可能小于g^s（这种对“改革基本假定”的破坏，表明“向国有企业优惠倾斜补贴，是反改革”）。这时，经济的体制结构J_t就不再趋于0，而是趋于无穷大：

$$J_t = J_0 \frac{(1+g^s)^t}{[1+g^n(d)]^t} \xrightarrow[t\to\infty]{} \infty \qquad (8)$$

而这就是我们所说的增长停顿或发生“危机”的可能性所在——经济结构趋于恶化，体制效率下降，增长率也会停顿下来。

在现实中，这不是不可能发生的。国有部门中各种反对改革的势力过于强大，而其本身的状况又不断恶化，要想维持生存，就势必利用自己对资源分配的垄断地位、利用国家强权，将大量非国有部门生产出的收入用各种方式转移到国有部门，使非国有部门越来越难以增长，整个经济的增长率也就会慢下来，最后各种矛盾暴露，经济陷入危机。

当非国有部门还较弱小的时候，少量的收入转移就可能

① 原因见樊纲《克服信贷萎缩与银行体系改革——1998年宏观经济形势分析与1999年展望》，《经济研究》1999年第1期。

导致其无法增长（俄罗斯在实行私有化前，私人部门很难成长）。但即使非国有部门已经很大，剩余收入量也较大，如果国有部门“吃掉”的补贴更大，这种情况同样可能发生。这就是恶性膨胀的国有部门开销、苛捐杂税、各种贪污腐败等问题潜在危害性极大的原因——当这些东西还没“吃”光作为非国有部门增长的动力和源泉的剩余收入时，我们还能不断增长，而一旦将“剩余”全部“吃”光，甚至“吃得更深”，“吃”到了“必要收入”，经济增长就会停止，社会就会陷入危机。

这种“危机的可能性”的政策含义自然是“改革的紧迫性”——旧体制不改，它就会继续吞噬资源；只有尽可能积极而及时地加快改革，防止收入转移的恶性膨胀，才能使经济结构的改善和经济增长持续下去。

3.4　国有企业的状况与“综合赋税率”的高低

显然，国有部门需要的补贴越多，d值越高，非国有部门增长越困难。同时我们也应该看到国有部门状况和国企改革与d值相互关系的其他一些方面，以解释一些经济现象。

第一，在改革之初，也就是在非国有经济开始发展的时候，中国国有部门的情况还没有十分恶化，利润率还较高，本身还能有较高的增长。也就是说，从总体上看那时国有部门还不需要补贴；甚至，出于其他方面的考虑（如就业、农村收入提高等），政府还可以对非国有企业实行税收减免（$d<0$）。这与俄罗斯的情况有很大的不同。在那里，国有经济发展了70多年，矛盾积累，由高额补贴引起的高额通货膨胀可以使非国有经济的任何“剩余”都被挖走，使其难以

在不彻底改革国有部门的条件下有所成长。这就是说：在改革之初，较好的国有部门状况有利于非国有部门的成长。

第二，国有企业改革，一部分国企改制，不仅使g^n加大，而且因国有部门所需补贴减少而使d减小，也使非国有经济今后能更好地发展。所以说，国有企业的改革越快，反过来可以使非国有经济发展越快，经济增长速度也可以越快。

3.5 如何判断“增长”或“危机”的趋势

公式（2）和（8）分析的是两种极端的可能，现实中的情况是处于某种中间状态。但理论抽象的好处就在于，它可以使我们抓住要点，对现实进行分析。上面的理论可以使我们对两大现实问题进行判断与分析：第一，经济是否在走向“危机”，或者，近期内是否会出现危机？第二，要想保持经济增长，并使体制实现过渡，我们需要在哪些环节上做文章？

如果我们能够在统计上测量出d，我们就可以对经济结构变动的趋势进行较为精确的分析。但是显然，d在实际中是很难度量的，特别是因为它在经济中会和其他许多经济因素混在一起决定着一些实际的统计指标。因此，我们事实上必须间接地观察它的影响。比如，我们可以通过“银行坏债”占GDP的比重来间接地判断d的变化趋势；实际上，控制这个比重的增大，在目前就意味着控制d的加大，对此笔者已在另一篇文章[①]中有所分析。

① 樊纲：《论“国家综合负债”——兼论如何处理银行不良资产》，《经济研究》1999年第5期。

建立在本文以上分析基础上的一个观察经济变动趋势的简单方法就是观察经济的体制结构指数J。经济结构指数J，事实上有两个方面的含义：当$J \to 0$（国有部门越来越小）时，不仅表明经济体制过渡在向前推进，也表明经济增长在持续进行，因为它表明资源配置在趋于合理，效率较高、增长率较快的非国有经济在进一步成长。J值变小的速度越快，经济在近期发生危机的可能性就越小。

反之，若$J \to \infty$，即国有部门比重在提高，或者，虽然J值仍在变小，但其变小的速度在下降，则说明改革发生一定程度的停滞，收入转移在加大，非国有经济增长的动机与资源在萎缩，经济增长速度也将下降，危机的可能性增大。

至少到1997年底，我们看到非国有经济每年在工业产值中的比重都在上升。最近几年，每年的增长速度都至少在2个百分点以上；这反映出其增长率大大快于国有企业。这可以解释为什么尽管国有企业问题重重，但经济整体还在持续增长，并且短期内从国内体制的角度看，没有发生经济危机的危险[①]。

对于今后的情况，我们也应密切注意J的变化趋势。比如1998年非国有企业中的中小企业投资活动因信贷萎缩而增长有所放慢，全年投资为负增长（-3.8%）。而与此同时1998年政府投资有所扩大，当然这些投资主要用于全社会都可利用的基础设施建设，并没有更多地用于建新厂，但国有部门更新改造投资还是有了较大的增加。这可能导致今后一两年内J值下降速度的放慢。从一定意义上说，这可能使经济增长率下降，经济风险也可能加大。

① 有许多原因可以导致经济陷入危机。我们这里只是指特定的因素。

四 小结：改革与增长

现在我们可以把以上分析的基本逻辑线条概括如下：

经济的持续增长取决于改进资源的配置，使其从利用效率较低的部门体制下释放出来，转移到利用效率较高的体制中去。

而这种资源配置的改进，在转轨经济中就表现为非国有部门在经济结构中所占比重加大，而国有部门相对缩小。

这两个部门效率的差别，最终体现为其增长率的差别；非国有部门较高的增长率g^n，支撑着国民经济整体的增长，并使国有部门的问题造成相对较小的危害。正因如此，经济的“体制结构”（J）对于经济的持续增长，意义重大。

非国有经济的发展，不仅支撑了整个经济的增长，而且改善着国有企业改革的条件与环境，使改革的阻力逐步缩小。在这一过程中，由于非国有经济的发展由小到大，因而国有企业中也必然是小企业改革的条件最先形成。

国企改制（破产、拍卖、合资、股份制改造、股份合作制等）和国企职工的离职、下岗，意味着“资源的释放”，并且使公式（2）中的g^n更大而g^s更小，从而加快着体制结构J的改变。

同时，国企的改革，由于使今后对国有部门的补贴减少而使d减小；银行业、金融业的改革以及银企关系的改革，能使反映在d中的银行“坏债”增量的增长速度下降，从而使社会对国有部门的补贴减少。

政府改革因能使（用于维持庞大政府的）“税费捐贿”减少而使d减小，从而也使非国有部门对国有部门的收入转移减少，即使d减小。

所有这些改革，都起到减轻非国有部门“收入转移负担”的作用，起到减少对国有部门补贴即优化资源配置效率的作用，使经济的体制结构（J）向更有效率的方向转化。这是中国这样的转轨经济得以持续增长，在增长中平和地、痛苦较小地完成体制转轨的根本保证。

由此可以推论：判断经济在今后一段时间内能否持续增长，或者它的反命题——经济是否会在不久的将来陷入危机、增长停顿下来，就要密切注视体制结构J的变动速率，以及决定它的各主要经济变量的变动情况。

就目前情况来看，最近一两年d值可能增大。这是因为，在宏观经济处于低谷时，国有部门财务状况更加困难，各种收入与支出都具有刚性，因此社会对它的补贴可能有所加大，而同时不变的补贴，对于较低的平均增长率来说，也会加重非国有部门的负担，从而使J值有所增大。这说明整个经济的风险有所加大，并会影响近期的增长（g^n会因d的增大而减小）。

但是，就目前J值的变动情况来看，仍然在趋于缩小。只要目前改革的势头继续保持下去，同时通过扩张性的宏观政策，消除经济波动的负面影响，在可以预见的将来（3～5年），中国经济尚不会因体制结构的恶化而出现危机或崩溃，经济增长还会持续下去。

至于长期经济增长的可持续性，从体制方面来说，则取决于本文中所涉及的各方面改革能否及时地深入下去。

（此文发表于《经济研究》2000年第1期，原标题为：《论体制转轨的动态过程——非国有部门的成长与国有部门的改革》；后收录于盛洪主编的《中国的过渡经济学》一书）

附录二　中文专著与编著

［1］樊纲著，《现代三大经济理论体系的比较与综合》，上海三联书店，1990年5月出版。

［2］樊纲主笔，《公有制宏观经济理论大纲》，上海三联书店，1990年6月出版。

［3］《中国经济论坛》编委会编（樊纲执行主编），《改革、开放与增长：〈中国经济论坛〉1990年学术论文集》，上海三联书店，1991年5月出版。

［4］樊纲著，《市场机制与经济效率》，上海三联书店，1992年12月出版。

［5］樊纲著，《渐进之路——对经济改革的经济学分析》，中国社会科学出版社，1993年3月出版。

［6］樊纲著，《求解命运的方程——一位青年经济学家关于人生的说法》，北京出版社，1993年4月出版。

［7］樊纲著，《樊纲集》，黑龙江教育出版社，1995年12月出版。

［8］樊纲著，《经济文论》，生活·读书·新知三联书店，1995年9月出版。

［9］樊纲著，《阳光与面包的联想——当代中国著名经济学家随笔集》，四川文艺出版社，1996年11月出版。

[10] 樊纲著，《渐进改革的政治经济学分析》，上海远东出版社，1996年12月出版。

[11] 樊纲主编，《体制改革与宏观稳定——中国体制转轨新时期的宏观经济问题研究》，浙江人民出版社，1997年7月出版。

[12] 樊纲著，《走进风险的世界——中国当代著名经济学家随笔集》，广东经济出版社，1999年5月出版。

[13] 樊纲著，《经济人生》，广东经济出版社，1999年8月出版。

[14] 樊纲主编，《金融发展与企业改革》，经济科学出版社，2000年1月出版。

[15] 樊纲、张晓晶著，《面向新世纪的中国宏观经济政策》，首都经济贸易大学出版社，2000年2月出版。

[16] 樊纲著，《面对转型之难》，中国发展出版社，2000年3月出版。

[17] 王小鲁、樊纲主编，《中国经济增长的可持续性——跨世纪的回顾与展望》，经济科学出版社，2000年12月出版。

[18] 樊纲、王小鲁主编，《中国市场化指数——各地区市场化相对进程报告（2000年）》，经济科学出版社，2001年8月出版。

[19] 樊纲著，《发展的道理》，生活·读书·新知三联书店，2002年1月出版。

[20] “中国改革与发展报告”专家组著（樊纲主持），《中国财富报告：转型期要素分配与收入分配》，上海远东

出版社，2002年11月出版。

［21］樊纲、王小鲁主持，《中国市场化指数——各地区市场化相对进程报告（2001年）》，经济科学出版社，2003年2月出版。

［22］王小鲁、樊纲主编，《中国地区差距：20年变化趋势和影响因素》，经济科学出版社，2004年3月出版。

［23］樊纲、王小鲁主持，《中国市场化指数——各地区市场化相对进程2004年度报告》，经济科学出版社，2004年9月出版。

［24］中国经济改革研究基金会、中国经济体制改革研究会联合专家组著（樊纲、王小鲁主持），《收入分配与公共政策（中国改革与发展报告：2005）》，上海远东出版社，2005年10月出版。

［25］樊纲、张晓晶主笔，《怎么又过热了？——新一轮经济波动与宏观调控分析》，江西人民出版社，2005年1月出版。

［26］樊纲著，《樊纲自选集》，山西经济出版社，2006年6月出版。

［27］樊纲、王小鲁、朱恒鹏著，《中国市场化指数——各地区市场化相对进程2006年报告》，经济科学出版社，2007年2月出版。

［28］樊纲等著，《中国经济特区研究——昨天和明天的理论与实践》，中国经济出版社，2009年1月出版。

［29］樊纲、武良成主编，《城市化：一系列公共政策的集合》，中国经济出版社，2009年3月出版。

［30］樊纲主编，《走向低碳发展：中国与世界——中国经济学家的建议》，中国经济出版社，2010年1月出版。

［31］樊纲、王小鲁、朱恒鹏著，《中国市场化指数——各地区市场化相对进程2009年报告》，经济科学出版社，2010年1月出版。

［32］樊纲、武良成主编，《城市化：一系列公共政策的集合（着眼于城市化的质量）》，中国经济出版社，2010年5月出版。

［33］樊纲、马蔚华主编，《2009：中国应对金融危机》，中国经济出版社，2010年5月出版。

［34］樊纲、余晖主编，《长江和珠江三角洲城市化质量研究》，中国经济出版社，2010年7月出版。

［35］樊纲主编，《世界低碳发展的中国主张》，商务印书馆（香港）有限公司，2010年10月出版。

［36］樊纲、张晓晶等著，《中国经济再平衡之路：内外均衡与财税改革》，上海远东出版社，2010年12月出版。

［37］樊纲、王小鲁、朱恒鹏著，《中国市场化指数——各地区市场化相对进程2011年报告》，经济科学出版社，2011年12月出版。

［38］樊纲、黄益平主编，《亚洲区域合作与国际储备货币体系改革》，社会科学文献出版社，2011年12月出版。

［39］樊纲、贺力平主编，《金融改革开放与中国国际收支再平衡》，上海远东出版社，2012年4月出版。

［40］樊纲、马蔚华主编，《中国能源安全：现状与战略选择》，中国经济出版社，2012年8月出版。

[41] 王小鲁、余静文、樊纲著，《中国分省企业经营环境指数2013年报告》，中信出版社，2013年8月出版。

[42] 樊纲、郭万达等著，《农民工早退：理论、实证与政策》，中国经济出版社，2013年8月出版。

[43] 樊纲、马蔚华主编，《农业转移人口市民化与中国产业升级》，中国经济出版社，2013年10月出版。

[44] 樊纲著，《制度改变中国——制度变革与社会转型》，中信出版社，2014年10月出版。

[45] 樊纲、马蔚华主编，《中国新一轮对外开放：机遇与挑战》，中国经济出版社，2015年1月出版。

[46] 樊纲、许永发主编，《“十三五”规划与中国经济长期发展》，中国经济出版社，2016年2月出版。

[47] 王小鲁、樊纲、余静文著，《中国分省份市场化指数报告（2016）》，社会科学文献出版社，2017年1月出版。

[48] 樊纲、许永发主编，《中国对外直接投资：战略、机制与挑战》，中国经济出版社，2017年5月出版。

[49] 樊纲、郭万达等著，《中国城市化和特大城市问题再思考》，中国经济出版社，2017年5月出版。

[50] 王小鲁、樊纲、马光荣著，《中国分省企业经营环境指数2017年报告》，社会科学文献出版社，2017年12月出版。

[51] 樊纲、许永发主编，《新经济与旧体制》，中国经济出版社，2018年7月出版。

后　记

中国改革开放逾40年，我前10年（1978—1988）在上学，本科、硕士、博士都在学经济学；后面30多年进入经济研究机构，发表论文和专著。这本书，可以说是我后面这30多年成果的一个小结。感谢广东经济出版社用这种形式把它们集结在此。

我在这里把我这30多年的经济学人生从几个角度做些划分：

第一，学术研究与政策研究。在这30多年中，前15年学术研究（理论研究加实证研究）多一些，大多数理论性、实证性的论文和专著都是那段时间发表的；后十几年，政策研究多一些，特别是最近几年，由于我兼任院长的综合开发研究院（中国·深圳）入选了第一批"国家高端智库"，为中央政府提供一些对策研究，成为我的一项正式的工作任务，政策研究就占据了我大部分的工作时间。记得当时我离开中国社会科学院经济研究所，创立国民经济研究所，开始从事较多的实际问题的研究，有些人曾表示"可惜了"。所以我们究竟该做些什么，可能是一个有争议的问题。迄今为止，中国经济学者纯学术、纯理论的成果较少，特别是系统性的成果较少。中国人在国际上发表论文的数量不少，但是真正有系统性的不多，不断在一个领域里有重要成果发表、具有权威性影响力的学者很少。这是不是说明我们应该更多地从事理论和学术的研究，不应该进行太多政策研究？我的看法是，除了个人偏好的因素之外，作为一个整体，我们这一代经济学者注定是要多研究一些当下的政策问题的，因为我们国家正处在改革与发展的实践过程中，每天都有大量的实际问题摆在人们面前，人们需要一些专业的答案，而最初专业的经济学者数量有限，不可能不被以某种方式或多或少地卷入实际政策问题的研究。有人说，我们理论研究之所以少，是因为外面太热闹、诱惑太多，其实是因为我们所处的时代挑战性的实际问题太多，想要置身于这些政策讨论之外，关在象牙塔里专攻学术，好像就不仅是一个脱离实际的问题，更是一个不负责任的问题。有人曾说美国有10万经济学家，三分之一在政府，三分之一在公司，三分之一在学术机构。有了这样的规模，才会有这样的分工，才会不亏欠任何一个方面。而我们还远没有达到那样发达的水平。而且，学术研究也有一个规模效益和外部性问题。有3万多经济学者在象牙塔里从事学术研究，那里一定很热闹。有人提问，有人讨论，学术研究才有一个互相激励的氛围。只有三五个人，讨论不起来，这三五个人也会离去。我们早晚也会有那么一天，不过大概要有两至三代人的时间过程。这也是一个发展的问题，一个逐步成熟的问题。在这个问题上，就像在许多其他问题上一样，简单的横向比较，是没有什么意义的，要有纵向的视角。我们生活在不同的发展阶段。

第二，改革研究与发展研究。中国在这40多年中，既处在从计划体制到市场机制的体制改革的过程中，又处在从落后的农业经济向现代科技经济发展的过程中，这两方面的问题交织在一起，在现实中难解难分。但是在理论上，这两方面的问题是可以由两种相对独立的经济学分支来进行研究、分析的，即（制度）转轨经济学和发展经济学，前者研究从计划经济向市场经济过渡、转轨的过程中所面对的各种问题，而后者则着重研究发展中国家如何在处处落后的情况下实现对发达国家的追赶，也就是经济发展的过程。我这30多年，前半段时间着重研究制度经济学与转轨经济学，发表的论文也多在这个领域，那本《公有制宏观经济理论大纲》，也是从体制差异的角度分析我国宏观经济的一些特殊现象。随着改革的深入，也随着大家对体制问题认识的深入，我逐渐认为改革的方向和思路已经基本明确了，重要的就在于实践了，在于如何逐步实现这些改革的目标，而不是只做研究了。因此，在后半段时间里，我的研究重点（包括教学重点）就逐步转向发展经济学。特别是最近这些年，随着中国收入水平的提高和科技能力的提升，国际矛盾与摩擦加剧，对"发展"这个命题提出了新的挑战，这就更加加深了我对发展问题的研究兴趣。发展中国家的发展是件多么不容易的事情，当一国处处落后很多的时候，它会面临一系列的问题，要"挤进"由发达国家、跨国公司已经占领了的市场，是多么的困难。而当它有所发展，开始有了自己的工业体系，有了一定的科技研发能力，有了一些在国际上有竞争力的企业的时候，又会面临新的系列问题，发达国家这时甚至还会运用非市场力量来遏制发展中国家的发展。而这个"新的系列"问题，是以前发展经济学还没有涉及的（因为还没有"中国案例"），在往后相当长的一段时间里，我们大概都会面临这一类的问题，这正可以作为我们新的研究对象。

第三，传播知识与发表评论。在从事经济学研究前期相当长的一段时间里，我颇为热衷于经济学知识的传播，从在《读书》杂志上发表的现代经济学系列文章，到在《经济学消息报》和《经济导刊》上发表的一系列“经济杂文”，再到1993年写成的《求解命运的方程——一位青年经济学家关于人生的说法》（后改名为《经济人生》），都是在用一种其他学科的学者，甚至是一般读者能够读懂的语言和叙事方法，介绍现代经济学的理论知识。而到了后期，一方面是由于写经济杂文的人越来越多了，另一方面是因为自己参与政策实践的研究多了，知识性的文章写得就少了，更多的是通过一些政策研究文章，通过在会议、论坛上的发言等，发表一些对现实经济问题的评论。不过需要承认的是，迄今为止我发表评论的方式还相当“老派”，没有微博，不在微信群里发言，不搞自媒体，不做“网红”，基本上还是固守着传统的方式发表成果。或许这可以称作“学者的矜持”，拒绝“快餐文化”的扩张。或许这需要改变，以适应网络时代的潮流，但这是今后要思考的问题了。

经济学家之间有时开玩笑，说我们这个职业永远不无聊或乏味，因为每天都会有新问题，不是这个就是那个，好有好的问题，坏有坏的问题，有历史的重复，也有不断的出新。这也许真的是我们这个职业的一种幸运！

樊纲

2020年4月